"国培计划 2018"——深度贫困县中小学教师素质提升项目
"国培计划 2017"——乡村教师培训团队研修项目
西华师范大学英才科研基金项目
西华师范大学精品课程项目

实践取向的初中数学教学研究

汤 强　高 明◎ 主编

西南交通大学出版社
·成 都·

图书在版编目（CIP）数据

实践取向的初中数学教学研究 / 汤强，高明主编
. —成都：西南交通大学出版社，2021.6
ISBN 978-7-5643-8054-0

Ⅰ. ①实… Ⅱ. ①汤…②高… Ⅲ. ①中学数学课－教学研究－初中 Ⅳ. ①G633.602

中国版本图书馆 CIP 数据核字（2021）第 114606 号

Shijian Quxiang de Chuzhong Shuxue Jiaoxue Yanjiu

实践取向的初中数学教学研究

汤 强
高 明 主编

责任编辑 张宝华
封面设计 何东琳设计工作室

印张 13.5 字数 213千
成品尺寸 170 mm×230 mm
版次 2021 年 6 月第 1 版
印次 2021 年 6 月第 1 次
印刷 四川森林印务有限责任公司
书号 ISBN 978-7-5643-8054-0

出版发行 西南交通大学出版社
网址 http://www.xnjdcbs.com
地址 四川省成都市二环路北一段111号
西南交通大学创新大厦21楼
邮政编码 610031
发行部电话 028-87600564 028-87600533
定价 78.00元

《实践取向的初中数学教学研究》
编写委员会

主　编　　汤　强　高　明

副主编　　任小平　高登胜　蔡显富　任天勇

参编（按姓氏笔画排序）

刁宏林　王　珍　王　琼　王开富　王明辉

艾明娟　朱　位　任　鹏　刘发冬　刘志忠

孙绪棣　李　钊　李绍民　李贵刚　吴加明

吴燕池　何冬梅　何银春　余泽勇　余德荣

汪泽清　张　洪　张胜林　张洪明　陈小东

青建波　罗　艳　封思煜　柏天英　胥怀勋

秦　媛　聂红梅　夏子光　夏佳元　唐中银

唐远学　陶　明　黄自平　龚洪元　龚桂萱

蒋锡龙　傅剑秋　曾昌辉　谭东梅

前言

PREFACE

随着《义务教育数学课程标准（2011年版）》以及《关于全面深化课程改革落实立德树人根本任务的意见》的颁布，义务教育阶段的数学课程改革进入了新阶段，初中数学课程改革的“知识—能力—素养”走向已逐渐清晰. 回顾21世纪初，初中数学课程改革针对的“过于注重知识传授倾向”“课程结构过于强调学科本位、科目过多和缺乏整合的现状”“课程内容‘难、繁、偏、旧’和过于注重书本知识的现状”“课程实施过于强调接受学习、死记硬背、机械训练的现状”以及“课程评价过分强调甄别与选拔功能”等诸多问题已经得到了初步解决. 但是，在改革过程中，一些诸如“新瓶装旧酒”“新鞋走老路”“一切为了应试”等新问题也逐步呈现，这些问题极大地制约着初中数学课程改革的进程. 因而，不论是为了更高效地落实从知识到能力、从能力到素养的目标，还是更全面地转变“应试风向”，深入研究作为初中数学课程改革主阵地的初中课堂数学教学就显得尤为必要了.

事实上，对初中数学教学研究的步伐一刻没有停歇，大家也认识到，缺乏理论的教学研究，会导致实践无“根”；离开实践的教学研究，会导致理论无“源”. 然而，大多数相关研究不是“限”于实践本身，就实践论实践；就是“陷”于理论本源，为理论谈理论；即使涉及理论与实践结合的研究也处于偏向哪一方的两难境地. 本书以实践取向“串起”初中数学教学研究的“根”与“源”，力图将实践与理论在初中数学教学研究层面有机地整合起来. 我们认为，初中数学教学研究的“实践取向”源于三个方面：

（1）源于对教材的理解.

作为教学活动开展的主要“文本”，教材的理解情况对于研究初中数学教学有着举足轻重的作用. 然而，如今的初中数学教材“变更”频繁，自从 2001 年进入初中数学课程改革以来，随着《义务教育数学课程标准（实验稿）》的颁布和修订，教材整体改编就经历了两次，还不要说，使用中教材本身的多次调整. 如今的初中数学教材版本多种多样，课程改革也改变了以往“一纲一本”的现状，“一标多本”预示着多个版本的初中数学教材同时存在. 对于初中数学一线教师而言，多变更、多版本的初中数学教材一方面为教学的广度延展增添了更多的、可供加工的“素材”，另一方面为教学的深度拓展提供了更多的、可供选择的途径. 因而，对教材的理解已经成为初中数学教学研究的实践取向来源之一.

（2）源于教师认知.

尽管我们都认同“理念决定行为”，但是，对于一线教师而言，理念往往“高高在上”，难接地气，与行为常常不能“直接相连”. 一线教师更多的是“我认为是这样，我就这样做”，因而，对于初中数学一线教师而言，对教学相关事物的认识才是决定其教学行为的直接“因素”. 进而，他们对课标、教材、学生和学校等方面“有何认识”应该是初中数学教学研究又一实践取向来源.

（3）源于教学现状.

教学是初中数学一线教师的常规工作，他们在教学过程中所呈现出来的情绪、言语和行为无一不反映着对数学知识、数学方法以及数学课堂、数学教育教学等的理解及认知情况. 对他们教学过程中的言语、行为的观察可以获得最原始的研究素材，对所获得的教学过程素材的分析是最接近课堂实际的研究. 因而，对初中数学一线教师教学现状的调查研究是我们研究的另一个实践取向来源.

全书共分 10 章，它将初中数学教学实践层面教的“难”点、学的“困”点作为“逻辑起点”，针对课程改革中的初中数学核心内容教学进行了较为系统的研究.

第 1 章 “初中数学几何性质定理教学中课堂提问策略研究”，主要研究初中数学课堂提问的价值取向、初中数学课堂提问的时机策略以及初中数学“几何性质课”教学中的有效提问，并通过等腰三角形性质教学以及平行四边形性质教学案例加以分析与应用.

第 2 章 “初中数学几何推理能力培养的课堂教学研究”，主要研究初中数学几何推理教学目标、初中数学几何推理教学方法、初中数学几何推理教学策略，并通过“平行线的性质”“相似三角形综合练习”教学设计课例对几何推理教学的相关理论进行实践.

第 3 章 “初中学生函数学习的困难成因及教学策略研究”，主要从初中学生函数学习的困难成因、解决初中生函数学习困难的教学策略、数学建模思想及其在初中数学函数教学中的应用等方面研究初中数学函数教学中的诸多问题.

第 4 章 “初中数学习题资源运用与拓展的课堂教学研究”，主要立足于初中数学习题课教学策略、习题课中存在的变量因素和问题归因，习题资源运用、拓展策略研究，通过具体的问题分析以及多个课例的实践验证研究初中数学习题资源运用与拓展策略.

第 5 章 “初中数学实际问题与方程思想的教学研究”，主要从弄清事理，读懂文理，厘清数理——“实际问题与方程”中的阅读教学策略、培养阅读理解习惯，来渗透数学思想方法、方程与实际问题的列方程策略，并通过“列分式方程解决实际问题的分析策略”课例教学研究教学实际问题与方程思想的培养问题.

第 6 章 “初中数学法则课课堂教学研究”，主要研究初中数学法则课课堂教学的导入方式、课堂教学模式、数学思想方法渗透等，并通过课例研究法则课的教学.

第 7 章 “初中数学复习课教学研究”，主要研究复习课的特点、复习课的教学原则、复习课的教学目标、复习课的重点与难点，并结合案例进行分析和理解.

第 8 章 “初中数学新授课课堂导入的策略探究”，主要从初中数学新课课堂导入的趣味性、情境创设的应用等方面进行研究.

第9章　“小组合作学习模式在课堂教学中的运用研究”，主要通过“合并同类项”和“反比例函数的意义”等课例研究数学课堂教学中如何让小组合作更有实效.

第10章　“基于核心素养的初中数学概念教学探微”，从培养学生数学核心素养的角度尝试探讨初中概念教学的有效策略，从概念同化、概念形成两个方面分别论述了核心素养导向下的初中数学概念教学的基本规律和一般途径.

参与本书编写的初中数学一线教师和教研员有四川省凉山州甘洛县罗艳、王琼、秦媛、艾明娟；乐山市金口河区刘志忠、柏天英、李贵刚、王珍；绵阳市三台县傅剑秋、余德荣、何银春、黄自平、曾昌辉、刘发冬、蒋锡龙、龚洪元、聂红梅；绵阳市盐亭县任鹏、胥怀勋、陶明、孙绪棣；广安市武胜县刁宏林、陈小东、青建波、张洪明、吴燕池、汪泽清、谭东梅；广安市邻水县夏佳元、龚桂萱、李钊、何冬梅、朱位、王明辉、余泽勇. 他们依据丰富的教学经验，带着实践取向目标去观察课堂、访谈教师、测试学生，所关注的研究问题直指初中数学教学实践的“痛处”，所获得的研究结论回应初中数学教学实践的需要，对于初中数学教学有着直接的指导意义.

本书的出版得到了“国培计划2018”——深度贫困县中小学教师素质提升项目、“国培计划2017”——乡村教师培训团队研修项目、西华师范大学英才科研基金项目、西华师范大学精品课程项目的资金资助，在此表示感谢！

本书适用于大中院校数学师范专业的本科生和研究生、初中数学教师、教研员以及数学教育教学研究者.

由于水平有限，撰写时难免出现疏漏，书中存在的不足之处，恳请各位读者给予批评指正！

汤　强

2021年1月15日

于西华师范大学

目录

CONTENTS

第1章

初中数学几何性质定理教学中课堂提问策略研究

1.1 初中数学课堂提问的价值取向

提问是最古老的教学方法，也是师生最重要的交流方式之一. 每一位教育者都有引导学生去“真正理解，达到教学目标”的愿望. 例如，我们的考试，实质上就是一组提问. 但考试本身并不能提高学生的能力，只是对学生学习效果的一种反馈和了解，是阶段性的一种学习评价. 由此可见，课堂提问是有效教学的关键，是师生互动交流最直接而又最有效的方式. 从教师角度看，提问是教师输出信息、传递信息和获得教与学的反馈信息的重要渠道；对于学生而言，提问有利于激发学生的学习兴趣，调动学生的学习积极性. 可是，在平常的数学教学中，不少教师提问的方式不专业、所提问题太复杂、所提的问题缺乏思考价值、不明确自己提问的目的、自问自答、追求所谓的标准答案、提问对象过于集中，因害怕学生“吃不饱”而“满堂灌”或“满堂问”（填空式问答，学生懂的要问、学生不懂的不问），不给学生思考时间，这就使课堂成为大容量、快节奏、高负荷的课堂，其结果是抑制了学生的学习兴趣，牺牲了学生的积极情感，破坏了学生学习的主动性和创造性，导致课堂教学的低效甚至无效.

因此，初中数学课堂提问的价值有何取向，如何有效提问，可以从以下几方面进行认识.

1.1.1 明确“提问”教学的目标性

课堂提问的目的在于鼓励学生思考，了解学生听课质量，检查是否达到或在何种程度上达到了教学目标，启发学生思考讲课的重点、要点、难点并延伸讲课内容，等等.

1. 能启发学生思维

教师的提问，应富有启发性. 所谓启发式提问，是指提出的问题具有很强的启发性和诱惑力，而答案又不是轻而易举可以得到的，必须通过自己的一番探索和努力才能获取. 也就是说，所提问题的情境并不神秘，是学生生活范围中所感受到的，但又不能用已有的知识经验直接加以处理. 所提问题之所以产生诱惑，引发思考，促进探索，是因为问题又熟悉又不能马上解决. 其实，这不是已有知识经验的简单再现，只有将已知信息重新组合，才能达到解决问题的目的.

2. 能激发学生兴趣

在课堂教学中，教师要善于设计课堂问题，引起学生的注意，从而激发学生的学习兴趣，使他们有了学习的原动力，这样才能提高他们的学习热情. 为此，教师必须从教材和学生心理特点出发，引人入胜地、步步深入地提出富有趣味性、启发性的问题，用科学的、艺术的、生动的语言，来吸引学生去积极思维.

3. 能促进学生发展

教学活动的最终目标是有效地促进全体学生的全面发展. 教学有无效益，并不是指教师有没有完成教学内容或教得认真不认真，而是指学生有没有学到什么或学得好不好. 如果学生不想学或者学了没有进步，即使教师教得很辛苦也是无效教学；同样，如果学生学得很辛苦，但没有得到应有的发展，也是无效或低效教学. 为此，教师应由知识的灌输者转变为学生学习活动的参与者、组织者、引导者和促进者，要按照学生“学”的规律进行教学，让“提问”时机适合，难度适中，内容适宜，以使全体学生都有参与的机会，都能有所收获.

1.1.2 注重“提问”教学的艺术性

提问是一种教学手段，更是一项艺术活动. 苏联教育家苏霍母林斯基说过，“学生的注意力就像一只极易受惊的小鸟，当你走进时，它马上会飞走；当你抓住它并把它关起来时，以后就再也听不到它的动听的歌喉.”因此，教师提问时，要注重方法和技巧，以强化学生的认知.

1. 提问表述要清晰

所提的问题应当明确，表述要清晰，因为模糊不清的问题，可以有很多答案，而这些问题由于模糊不清致使学生感到迷惑而不知如何回答. 清晰地发问能提高学生准确回答问题的可能性.

2. 提问机会要均等

在实际的课堂中，教师往往把问题集中到尖子生或者前排学生身上，其结果是挫伤了部分学生参与课堂活动的积极性，也使他们产生了“老师不会提问我”的惰性思想. 有些学生甚至认为自己只是一个旁观者，坐着等待其他同学的回答. 因此，教师在提出问题后，应扫视全体学生，使每一个问题都产生群体效应，以保证全体学生都能得到回答的机会. 在多数情况下，教师无须点名，可以采用提问等方式，让学生依次模仿并形成连锁问答，这样能增加提问的人次，扩大问题的覆盖面，让每个学生都有表现的机会，都能享受成功的快乐，使其思维得到发展.

3. 提问反馈要及时

作为学生，回答问题后都会期待教师做出反馈. 积极的反馈不仅能使学生知道自己的回答是否正确，而且得到老师的赞扬，能增强他们学习的动力，尤其是对发言不多的学生. 因此，教师要对学生的每一个小进步都要进行肯定和鼓励，在问答过程中要多表扬、少批评，要努力让学生获得学习数学的成功体验.

1.1.3 要突出“提问”教学的主体性

在数学课堂教学中，鼓励学生质疑问难，培养学生敢于提问的勇气和精神，是培养学生创新意识的前提. 因此，在课堂教学中，教师首先要更新观念，明确提问不仅是教师的权利，更应是学生的权利，要让学生大胆设问，或教师回答，或学生回答；师生通过互换角色能促使学生认真学习，独立思考，不断总结归纳，切实提高其口头表达能力，使数学真正成为交流性语言.

总之，课堂提问是课堂教学活动的一个有机组成部分，是完成教学任务和实现教学目标的重要方法之一. 教学实践证明，课堂教学中提问的艺术——问与不问、问得妥当与否、采取什么方式提问、问题的设置、提出和回答，等等，对启迪学生思维，让学生更好地、主动地掌握知识，培养学生的语言表达能力，激发学生的学习兴趣，活跃课堂气氛，优化教学过程，提高教学质量都有着十分重要的作用.

1.2 初中数学课堂提问时机策略

提问和回答是课堂教学过程的核心. 通过课堂提问，可以启迪学生的思维，开阔学生的视野，帮助学生掌握学习重点，突破学习难点；还可以充分发挥教师的主导作用和学生的主体作用，及时调控教学. 因此，课堂提问是一种重要的教学手段，也是培养学生创新能力的重要途径. 课堂上，教师提出的问题设计得好，课堂教学则环环相扣，引人入胜；设计得不好，课堂教学则散漫无章，索然无味. 那么，怎样提问才能达到目标呢？我认为，问题设计应该兼顾以下几个方面.

1.2.1 设问的时机策略

1. 具有启发性

启发性是指所提的问题能触动学生的思维神经，给学生点拨正确的思维方法及方向. 面对相同的问题情景，提出的问题不同，教学效果亦有差异. 因此，教师提问时，要根据学生的实际，尤其需要考虑提问能否引起学生的主动学习.

2. 具有逻辑性

学生学习的过程是由旧知识到新知识的认知过程. 在每一节课的教学内容中，都贯串着由旧知识到新知识的演变，所以教师一定要抓住新旧知识之间的联系，巧妙地设计问题，把学生的思维从旧知识引导到对新知识的理解上，以实现思维的迁移. 因此，教学中要注意充分利用新旧知识之间的连接点，促使学生由此及彼，由未知转化为已知.

3. 具有趣味性

兴趣是推动学生思维的强大动力. 如果教师所提问题不能激发学生的

兴趣，学生即使思考了，也只不过是一种被动的思维，学习的主动性就不能充分调动起来. 因此，提问内容的设计要富有情趣、意味和吸引力，使学生感到在思索答案时有趣而愉悦，并在愉悦中接受知识，在生疑和解疑的过程中获得新的知识和能力，并因此体味到思考与创造的快乐与满足.

1.2.2 发问的时机策略

1. 把握好发问时机

俗话说，良好的开端是成功的一半. 在一堂课开始时设疑提问，可以快速激发学生的求知兴趣，因为这时学生的注意力最集中. 知识的重点是教学的核心，在此处提问能帮助学生掌握重点知识，使落实双基和培养能力有机结合，保证教学目标的顺利完成. 突破难点是教学追求的目标，在难点处设疑，能有效引起学生的注意，启迪学生思维，引导学生掌握正确的思考方法，使难点得到有效突破.

2. 把握好等候时间

教师提问后给学生足够的思考时间是教师课堂提问的重要策略之一. 教师将问题说出之后，如把等待时间延长至 3 ~ 5 秒，即留有充分的时间，让全班学生思考一番，然后再点名回答，学生回答问题的质量和参与人数都会相应提高.

3. 提问面向全体学生

学生的素质是参差不齐的，课堂教学提问时不应置大多数学生而不顾，而形成“一对一”的问答场面，或只面向少数几名学生发问. 课堂提问应成为全体学生与教师信息交流的载体，而不应成为少数学生的专利；每节课要尽可能让更多的学生参与回答，特别要考虑中低程度学生的参与面，选择有利于发挥学生特长的时机让他们参与，争取每节课全班大多数学生都能有解答问题的机会，以便更好地激发班级群体积极思维的热情.

4. 双向提问

课堂提问不应是教师的特权，学生同样是提问的主体，应给学生提供一个自由、和谐、民主和宽松的课堂环境. 无论学生提什么样的问题，只要是学生真实的想法，教师都应该首先对孩子敢于提问题给予充分的肯定，然后对问题本身采取有效的方法予以解决；对于颇有新意的问题或独到的见解，不仅表扬他勇于提出问题，还要表扬他善于提出问题.

课堂提问是一门科学，也是一门艺术. 它是数学课堂教学的重要手段，是师生交流信息的主要途径，也是教材、教师与学生有效融合的主渠道. 恰到好处的课堂提问有助于激发学生的求知欲，有利于培养学生思维的积极性和主动性，使我们的学生在愉悦中获取知识，给我们的数学课堂增添无穷的魅力.

1.3 初中数学“几何性质课”教学中的有效提问策略

随着课堂改革的深入，越来越多的教师都认识到学生是课堂的主体，老师是课堂的主导. 如何做好这个主导，首先就要做好教学中的有效提问. 课堂提问是教师组织课堂教学的重要手段之一. 有效的课堂提问有助于开拓学生的思维，激发学生学习的积极性，及时获得教学反馈信息，便于调控教学程序，更好地实现教学目标. 但是实际上，教师提出的问题往往缺乏有效性，在有效提问上存在着各种各样的问题，结果就是许多学生上课不爱举手发言，课堂讨论气氛不够热烈，启而不发，呼而不答，这也给数学教学带来了很大障碍. 如何有效地优化课堂提问，在当今以学生为主、培养学生创造性思维的新课程改革中显得尤为重要和突出. 在这里，我将结合我们这几次送教下乡的两堂几何性质课中的一些提问谈一下自己的一点肤浅体会.

1.3.1 避免提问过多过虚，只重数量忽视质量

教学中的有效提问并非将传统的“满堂灌”发展成了“满堂问”. 课堂提问的成功与否，并非看提了多少问题，而是看所提的问题是否引起了学生探索的欲望，学生是否学到了分析问题与解决问题的观点和方法. 即使是好的提问，也不宜过多，太多容易使学生产生疲劳，挫伤他们的积极性，影响学习效果；避免出现口头禅式如“是不是”“对不对”“能不能”之类的问题，因为这样学生也只是简单回答“是”“不是”“对”“不对”“能”“不能”等，这种课堂看似热闹，实则是华而不实，不能激发学生的思维.

案例 1：在探索等腰三角形性质的证明过程中，有学生提出可以作底边的高，利用三角形全等证明等腰三角形的两个底角相等，并且完成证明后，教师提问："作等腰三角形顶角的平分线或底边的中线，能否也得到两个全等的三角形呢？"学生异口同声："能！"

反思：探索等腰三角形性质的证明方法，目的是使学生发现一些常规辅助线的添加方法，初步提高学生构造全等三角形的能力．然而案例中教师的提问，却是直接告诉了学生两种辅助线的做法，然后问学生"行不行""能不能"．在这样的提问下，教师越俎代庖，使学生失去了主动思考的宝贵机会，失去了独立自主进行创造性思维的空间，最终成为机械回答教师问题的"回声筒"．

改进：提问学生"还有不一样的辅助线做法吗？说说你的做法以及证明思路．"

1.3.2 避免所提问题提示性过强，牵着学生的鼻子走

恰当的提问犹如在平静的湖面上扔下一块巨石，让学生沉浸在思考的涟漪之中，成为"好知者"；又如柳暗花明又一村，让学生在探索顿悟中感受思考的乐趣．总之，教师的提问就是一个绳索，学生在按照教师牵引的方向前行．

案例 2：在探索平行四边形性质的过程中，教师提问："平行四边形的对边有什么关系？对角有什么关系？"学生会不假思索地回答："相等．"

教师再问："如何证明你们的猜想呢？"这个问题一提出就会出现一段长时间的沉默．此时，上课的教师不得不给出提示性的提问："前面我们证明边、角相等时，可以将之放入全等三角形中，这里也需要添加辅助线构造三角形全等．"这个时候学生才恍然大悟地想到要做辅助线以构造全等三角形．

反思："添加辅助线将平行四边形问题转化成三角形全等问题来解决"这种转化思想是数学学科中十分重要的一种解题思想，教师虽然一步一步地利用诱导的方式，让学生完成了性质的证明过程，但在整个思维产生的过程中，学生还是缺乏思考的主动性，就像被牵了线的木偶．

改进：教师："用两个全等的三角形纸片可以拼出几种形状不同的平行四边形？要拼成平行四边形，两个三角形摆放时要注意什么？"

教师："任意一个平行四边形能拆分成两个全等的三角形吗？"

完成以上两个问题后，教师再提出平行四边形的对边有什么关系，对角有什么关系，该如何去证明. 此时，学生已经能主动去思考并完成证明过程了.

总之，几何性质课更要注重通过学生自身的观察总结得出猜想，再结合所学知识证明其猜想是否正确. 在整个猜想和证明过程中，老师要处理好提问方式，切记不能包办，也不能牵着孩子们走. 课堂提问是一种教学手段，更是一门教学艺术. 在现今动态生成型的课堂中，我们要不断优化课堂提问的方法、过程、内容、角度和表达方式，充分发挥提问的有效性. 当然，高效能的提问类型有多种，不同的教师在不同的课堂上有不同的提问策略，而不同的提问策略会产生不同的教学效能. 日常备课时，倘若我们能依据教材资源，结合自身实际，从学生认知水平出发，采用不同的提问策略，精心设置每一个问题，那么我们的课堂教学就会收到预期的成效. 同时，倘若我们还能坚持课前、课中、课后反思的习惯，及时总结自己在问题设置、提问过程、提问效能方面的经验和不足，并能不断加以发扬和改进，那么，我们教师的潜能就会得到充分挖掘，专业水平就会得到提高，课堂氛围就会更加和谐.

1.4 "等腰三角形性质"案例研究

本节课在前面学习轴对称知识的基础上，主要探讨等腰三角形的概念和性质，运用等腰三角形的性质进行推理证明并解决简单的有关等腰三角形的实际问题. 本节内容在初中数学教学中起着比较重要的作用，它是对三角形性质的呈现. 教材通过对三角形叠合的操作，得出等腰三角形的轴对称性，给出了等腰三角形的性质 1，并对其进行了证明，再从证明过程中得出性质 2. 等腰对等角是今后证明角相等的常用方法之一，而等腰三角形的"三线合一"是今后证明两线相等、两角相等以及两线垂直的重要依据. 运用观察、操作来领悟其内在规律，以全等三角形为推理工具，在交流、合作中突破难点. 采用直观教学发现法和启发诱导教学法，让学生实践操作、合作探究，强调数学证明对学生思维能力的培养；学生也能通过动手操作直观感受等腰三角形的特点，教师可引导学生在动手操作的基础上发现规律，然后通过小组讨论、理性思考，学习严格的逻辑证明，以培养学生的逻辑思维能力和应用知识的能力.

一、教学设计分析

（一）知识与能力

1. 了解等腰三角形的定义.

2. 理解并掌握等腰三角形的基本性质.

3. 能利用相关性质解决简单的几何证明和实际问题.

4. 培养学生严格的逻辑证明及逻辑思维能力.

5. 体会数学与现实的密切联系，感受数学的应用价值，培养应用意识.

（二）学生学情分析

经历前一阶段的教学，学生已经有了一定的合作交流能力，但在实践操作和自主探究方面的能力还比较差，需要教师正确引导.

（三）设计理念

《义务教育数学课程标准（2011 年版）》指出："数学是人们对客观世界定性把握和定量刻画逐渐抽象概括形成方法和理论并进行广泛应用的过程""有效的数学学习活动不能单纯地依赖模仿与记忆，动手实践、自主探究与合作交流是学生学习数学的重要方式". 因此，在本节课的教学设计中将始终体现以下教育教学理念：

1. 突出体现数学课程的基础性、普及性和发展性，使数学教育面向全体学生.

2. 学生是学习的"主人"，教学活动要遵循数学学习的心理规律，从已有的生活经验出发，让学生亲身经历将已有的实际问题抽象成数学模型并解释和应用数学知识的过程.

3. 教师是学习活动的组织者、引导者，教师应组织和引导学生在自主探索、合作交流的过程中理解和掌握数学知识与技能、数学思想和方法，以获得广泛的数学活动经验.

4. 联系现实生活进行教学，让学生初步具有"数学知识来源于生活，应用于生活"的思想，以增强数学知识的应用意识.

二、情境描述

（一）操作观察，探索新知

1. 请同学们把一长方形纸片对折（课本习题 12.3 第 1 题），剪去一个角，再把它展开，得到的三角形有什么特点？

2. 动手操作后得出结论：“剪刀剪过的两条边是相等的”.

3. 师生共同总结：有两条边相等的三角形，叫做等腰三角形，相等的两条边叫做腰，另一条边叫做底，两腰所夹的角叫做顶角，底边与腰的夹角叫做底角.

如图所示：

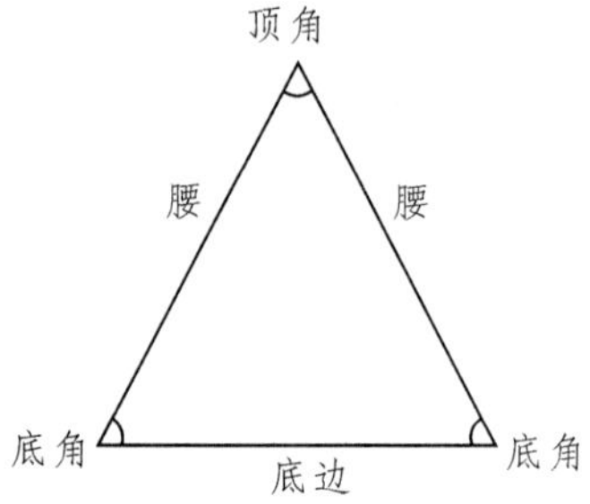

4. 上面剪出的三角形是轴对称图形吗？（是）

5. 把剪出的等腰三角形 ABC 沿折痕对折（见下图），找出其中重合的线段和角，填入下表：

重合的线段	重合的角
AB 与 AC	$\angle B$ 与 $\angle C$
BD 与 CD	$\angle BAD$ 与 $\angle CAD$
AD 与 AD	$\angle ADB$ 与 $\angle ADC$

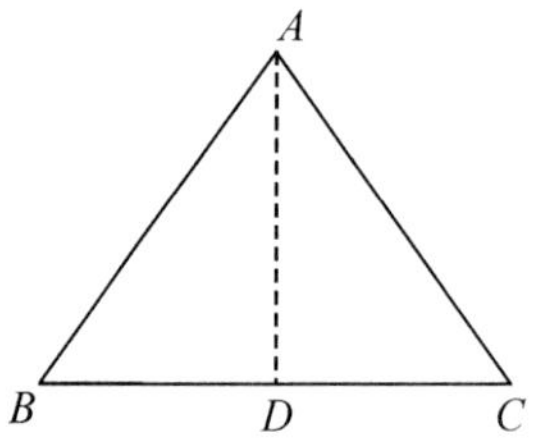

6. 师生共同总结并填表.

7. 你能说出等腰三角形的性质吗？说一说你的猜想.

8. 师生共同分析、讨论、总结等腰三角形的性质：

性质 1：等腰三角形的两个底角相等（等边对等角）.

性质 2：等腰三角形的顶角平分线、底边上的高、底边上的中线三线合一.

9. 老师提示：由以上操作过程获得启发，我们知道等腰三角形是轴对称图形，我们可以通过作出△ABC的对称轴，得到两个全等三角形，从而利用三角形全等来证明以上性质.

10. 鼓励学生独立思考，请一名同学在黑板上证明. 师生共同讨论分析，最终给出完整的证明过程：

如图所示，△ABC中，$AB=AC$，作底边BC的中线AD.

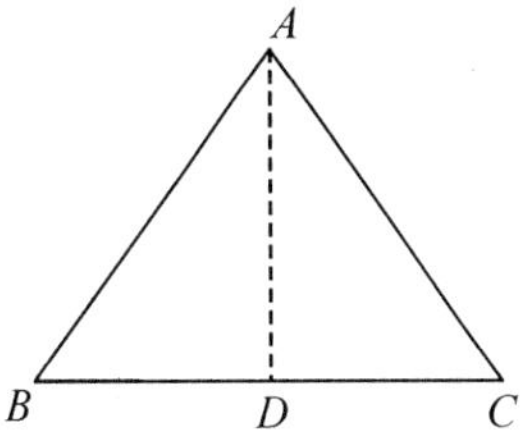

因为 $\begin{cases} AB=AC \\ BD=CD \\ AD=AD \end{cases}$（公共边）

所以△BAD≌△CAD（SSS）

所以∠B=∠C

性质 1 得以证明.

由△BAD≌△CAD可得出：

（1）$BD=CD$，说明AD是底边的中线；

（2）∠BAD=∠CAD，说明AD是∠BAC的平分线；

（3）∠BDA=∠CDA，∠BDA+∠CDA=180°，说明$AD\perp BC$.

性质 2 得以证明.

（二）范例点击，应用作学

例 1：如图所示，在△ABC中，$AB=AC$，点D在AC上，且$BD=BC=AD$，求△ABC各角的度数.

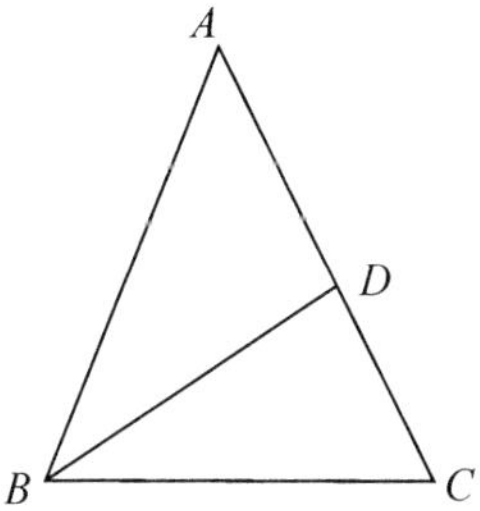

（1）思路点拨：

首先应用等腰三角形的性质得到：

$$\angle ABC=\angle C=\angle BDC，\angle A=\angle ABD，$$

再运用三角形内角和定理求得∠A=36°，∠ABC=∠C=72°.

这里也可采用代数的方法用方程来求解.

（2）学生活动：积极鼓励学生参与教师的例题讲解分析，踊跃发表自己的见解，并尝试用不同书本上的方法来求解、比较，相互讨论.

（3）猜想：等腰三角形底边上的中点到两腰的距离相等吗？如图所示，你可将等腰三角形 ABC 沿对称轴 AD 折叠，观察 DE 与 DF 的关系.

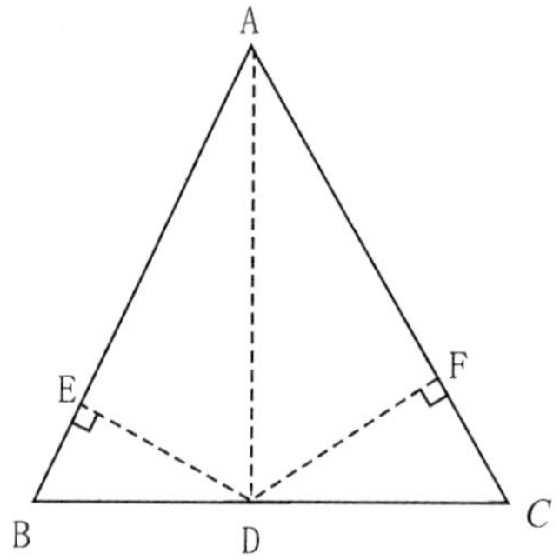

进一步猜想：如果 DE, DF 分别是 AB, AC 上的中线，或者 DE, DF 分别是 $\angle ADB$, $\angle ADC$ 的平分线，它们还会相等吗？由等腰三角形是轴对称图形，利用类似的方法，还可以得到等腰三角形中的哪些线段相等？

① 等腰三角形底边上的中点到两腰的距离相等，也可以应用“AAS”证明 $\triangle BDE \cong \triangle CDF$.

② 如果 DE, DF 分别是 AB, AC 上的中线或 $\angle ADB$, $\angle ADC$ 的平分线，它们仍然相等，可以利用轴对称图形的概念和性质得到结论，也可以由三角形全等予以证明.

③ 由于等腰三角形是轴对称图形，利用类似的方法，还可以得到：等腰三角形对称轴上任意一点到两腰的距离相等；等腰三角形的顶点到两腰上的中线（高线）、底角的平分线的距离相等；等腰三角形两腰上的中线（高线）的交点到两腰的距离相等；等腰三角形两底角平分线的交点到两腰的距离相等.

例 2：利用等腰三角形的性质解决问题.

（1）多媒体展示如下问题，请学生思考.

如图，位于海上 A, B 两处的两艘救生船接到 O 处遇险船只的报警，当时测得 $\angle A = \angle B$，如果这两艘救生船以相同的速度同时出发，能不能大约同时赶到出事地点（不考虑风浪等其他因素）？在一般三角形中，如果两个角相等，那么它们所对的边是什么关系？

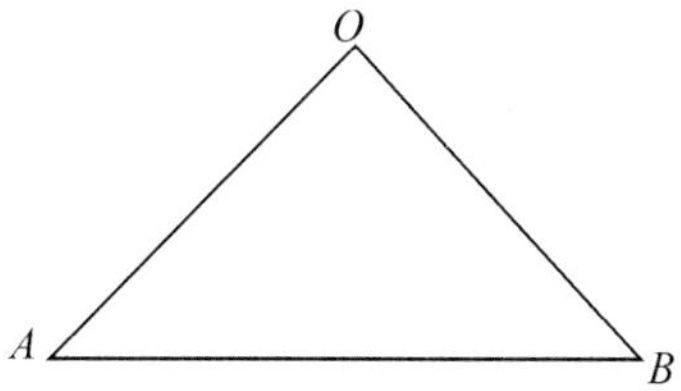

分析：由$\angle A=\angle B$，我们可以通过全等三角形知识证明$OA=OB$（只需过O点作AB边上的高即可）.

（2）组织学生分组讨论，一段时间后，鼓励学生积极发言，师生共同分析，总结出等腰三角形的判定定理.

等腰三角形的判定定理：如果三角形有两个角相等，那么这两个角所对的边也相等（简写成“等角对等边”）.

（三）随堂练习，巩固深化

1. 求证：如果三角形一个外角的平分线平行于三角形的一边，那么这个三角形是等腰三角形.

2. 如图所示：$\triangle ABC$是等腰三角形，$\angle A=90°$，BD是$\angle B$的平分线，$DE\perp BC$于E. 若$BC=10$，求$\triangle DEC$的周长.

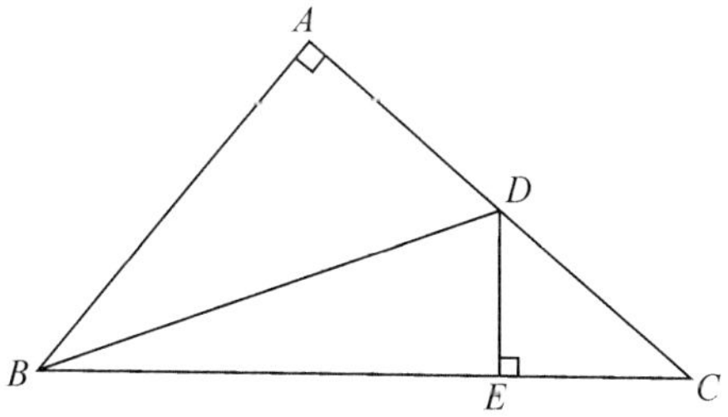

（四）小结：

1. 什么叫等腰三角形？

2. 等腰三角形有哪些性质？

3. 你对本节课中等腰三角形与轴对称概念的联系有何体会？

（五）布置作业，专题突破.

1. 课本第 56～58 页习题 12.3 第 2, 3, 12 题.

2. 选用课时作业本的题目.

三、分析与反思：

本节课既是一节新课，又是对轴对称图形的一次深化认识. 通过对等腰三角形叠合操作引出了等腰三角形是轴对称图形，进而得出了等腰三角形的性质 1：等边对等角. 这种操作有利于学生发现等腰三角形性质的证明，而给出三种不同的辅助线，是用来培养学生发散思维能力的. 整个教学活动注重学习方法，注重思维方法，注重探究方法，体现了“方法比知识更重要”这一新的教学价值观. 这样的教学，突出了重点，化解了难点，实现了学习的“再创造”，确保了学生的主体地位，提升了学生学习数学的综合素质. 为使本节课上得生动、有趣、高效，结合本课内容和学生的实际水平，采用了这种以学生实验、操作为主，设疑诱导法为辅的直观演示法. 在教学过程中，通过设置带有启发性和思考性的问题，创设问题情景，诱导学生思考、操作，让学生亲身体验知识的产生过程，从而激发学生探求知识的欲望，使学生始终处于主动探索问题的积极状态，使学生获得新知识的过程水到渠成，同时也考虑到了更直观、更形象地突破教学重、难点. 本节课增大了课堂容量，提高了课堂效率，采用了多媒体教学手段. 整节课的设计始终围绕以下四点进行：（1）感受生活中的等腰三角形；（2）比较形象地认识等腰三角形的性质特点；（3）通过折纸探究等腰三角形的性质；（4）利用“等边对等角”解决生活中的实际问题. 生活化教学实践中，提倡数学教学应更加关注学生的认知特点，尽量让每个学生学有所获；在教学活动中，让学生认识到万物总是相互联系的，充分认识到数学与生活是密切联系的，以激发学生学好数学的兴趣与信心.

1.5 “平行四边形性质”案例研究

一、案例背景

（一）教学目标

1. 理解平行四边形的定义，掌握平行四边形的性质.

2. 会初步运用这些性质进行有关的证明和计算.

3. 培养学生综合运用知识的能力.

4. 通过探究平行四边形的性质，培养学生发现问题解决问题的能力以及逻辑推理能力.

（二）背景呈现

本节课研究的内容是平行四边形的性质，其中，教学的重难点在于如何探究论证平行四边形的性质．通过教学，要求学生理解平行四边形的性质，同时能运用平行四边形的性质解决问题．

首先，平行四边形是四边形的一种延伸和发展，它的性质的探索需要借助已学过的平行线和三角形的相关知识来进行．其次，它又为我们接下来类比学习矩形、菱形等特殊四边形奠定了重要基础．此外，平行四边形的性质还是证明线段相等和角相等的重要依据和方法．因此，平行四边形在本章中起着承上启下的作用．在教学中教师要特别注重这些相关知识的回顾与联系，以降低学生在课堂中学习相关知识的难度，从而增强他们学习数学的信心．

二、情境与过程

（一）情境引入

平行四边形是我们熟悉的一种基本的几何图形．你所看到的（展示图片）停车场的停车位、楼梯的防护栏、庭院的竹篱笆等都是这种图形．生活中处处有平行四边形的身影，为什么平行四边形形状的物体与我们的生活有着如此密切的关系呢？这一节让我们走进平行四边形的世界，一起去探索它的性质吧！（板书课题）

（二）自主学习，深化已知

1．师：什么是平行四边形的定义？

生：两组对边分别平行的四边形是平行四边形．

2．用几何语言怎么表示平行四边形的定义．

如图：因为______ // ______， ______ // ______

所以四边形 $ABCD$ 为平行四边形．

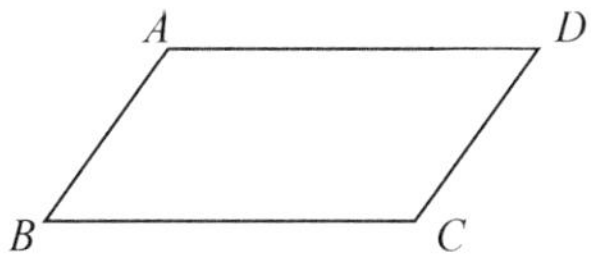

3．下列图形中的平行四边形有_________．

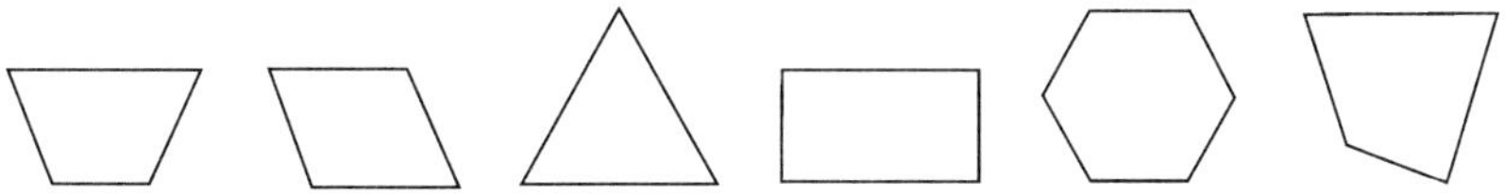

师问：第一个为什么不是？

生 1：第一个只有一组对边平行.

师问：第五个呢？

生 2：第五个不是四边形.

师：我们需注意判断平行四边形的两要素，首先它是四边形，然后它要有两组对边平行.

（再次强调平行四边形的定义，并对关键字做上标记）

4. 师：那么怎么来表示平行四边形呢？与我们表示三角形相类似，关于平行四边形，我们常常用一个小的“▱”来表示，这样可以方便我们的书写. 如这个平行四边形我们记作▱$ABCD$，读作平行四边形 $ABCD$. 在表示平行四边形的时候，我们通常按照顺时针或逆时针的顺序把图形中各顶点字母依次表示出来. 例如，这个平行四边形也可以表示为▱$DCBA$ ，但不能表示为▱$ACBD$.

5. 如图，$EF /\!/ BC /\!/ AD$，$GH /\!/ AB /\!/ CD$，EF 与 GH 相交于点 O，则图中共有_____个平行四边形.

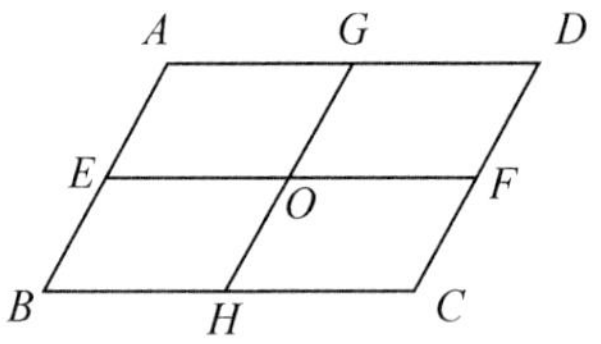

师：你们能把它们表示出来吗？（教师指定平行四边形，学生来表示）

6. 如图，在平行四边形 $ABCD$ 中，

相对的边称为对边，对边有____________________________，

相对的角称为对角，对角有____________________________.

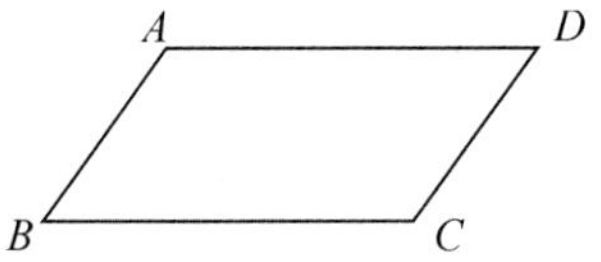

7. 值得注意的是平行四边形的定义具有双重性. 当一个四边形具备“两组对边分别平行”这一条件时，它是平行四边形；同时，一个四边形是平行四边形，那么它就一定满足“两组对边分别平行”这一性质.

三、合作与探究

1. 拼一拼：用两个全等的三角形纸片可以拼出几种形状不同的平行四边形？

（师生行为：学生小组内交流，老师深入小组了解学生的拼图情况，让一些小组将拼好的图形在黑板上展示出来）

师问：拼出的图形为什么是平行四边形？

师问：两个三角形怎样摆放才能成为平行四边形？

师：从刚才的拼图中，我们可以发现两个全等的三角形拼在一起就可以构成平行四边形.

2. 猜一猜：平行四边形的边、角有怎样的关系？

师：请同学们继续观察你所拼的平行四边形，找出图形中有哪些相等的边，相等的角.

师：猜想一下，平行四边形的边、角有怎样的关系？

生：平行四边形的对边相等，对角相等.

师：通过同学们的探究，得到这样的两个猜想，但是数学是一门严谨的学科，我们还需要对它进行证明.

3. 证一证：平行四边形的对应边相等，对应角相等.

师：请问这个命题的条件和结论是什么？

生：条件是平行四边形，结论是对边相等，对角相等.

师：你能结合图形写出已知、求证吗？

师：请大家完成证明. 做完了同桌之间可以相互交流一下，对照一下，看看过程是否一样，书写是否正确？（学生合作交流完成证明过程，教师规范证明过程）

师：不添加辅助线，你能否直接运用平行四边形的定义，证明对角相等吗？

师：大家想一想，我们要证明的问题是关于哪种图形的问题？

生：平行四边形.

师：我们最后用什么方法来证明呢？

生：证全等.

师：这说明平行四边形的问题可以转化为三角形的问题来解决. 以后我们就可以直接运用平行四边形的这两个性质来解题了.

4. 理一理：

师：你们能用几何语言来表述这两个性质吗？

四、运用新知

同学们，通过猜想、证明得到了平行四边形的性质，它为我们证明线段相等、角相等提供了新的方法. 下面我们用平行四边形的概念和性质来解决有关问题.

1.（角的计算）在▱$ABCD$ 中，

（1）若 $\angle A=30°$，则 $\angle B=$ ______，$\angle C=$ ______，$\angle D=$ ______.

（2）若 $\angle A+\angle C=200°$，则 $\angle A=$ ______，$\angle B=$ ______.

（3）平行四边形四内角 $\angle A:\angle B:\angle C:\angle D$ 的度数比可能是（　　）.

A. 1:2:3:4　　　　B. 1:2:2:1

C. 1:1:2:2　　　　D. 2:1:2:1

（已知平行四边形的一个内角可以求出其他三个角的度数）

2.（边的计算）在▱$ABCD$ 中，

（1）若 $AB=1$，$BC=2$，则 $CD=$ ____，$AD=$ ____，周长 = ____.

（2）若 $AB=4$，周长为 18，则 $BC=$ ________.

（3）若 $AB-BC=1$，周长为 14，则 $AD=$ ______，$CD=$ ______.

拓展延伸：

3. 在平行四边形 $ABCD$ 中，若 AE 平分 $\angle DAB$，$AD=5$ cm，$AB=9$ cm，则 $EC=$ ________.

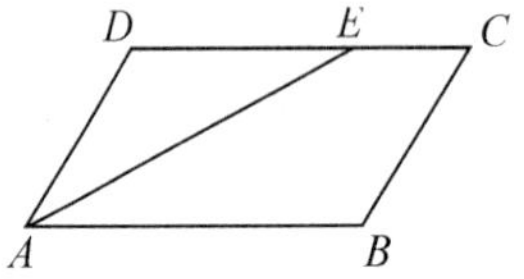

题 3 图

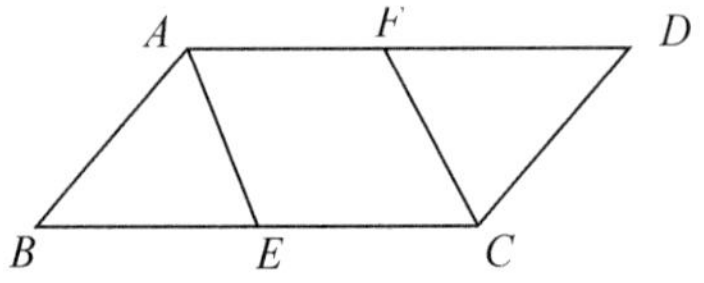

题 4 图

4. 在平行四边形 $ABCD$ 中，E, F 分别为 BC, AD 边上的点，连接 AE, CF,

（1）如果 E, F 分别为 BC, AD 边上的中点，求证：$\angle BAE=\angle DCF$.

（2）如果 $AE/\!/CF$，上述结论还成立吗？

五、归纳小结

通过本节课的学习，你有哪些收获？你还有哪些疑惑？

1. 这节课我们主要学习了平行四边形的什么性质？

2. 我们是如何得到这些性质的？

3. 这些性质可以用来解决什么问题？（请举例说明）

六、课后反思

本节课的教学中，课堂氛围不够活跃，启发学生思维的语言还不够精练，讨论的时间把握得不够好，这在以后的教学中需不断改进. 在探究平行四边形性质的过程中，若问题提得过大，缺乏启发性，没有根据学生的基础提出相应难度的问题，那么在上课期间，虽然留给学生很多思考讨论的时间，但学生仍未能及时生成答案，上课效果也不会好. 也就是说，所提问的问题没有做到针对性.

针对第一次上课效果，该教师在课后做了一些修改，以下是第二次教学片段.

探究平行四边形的性质.

1. 画一画：

师：根据定义，我们知道平行四边形的对边平行，那么除此之外，平行四边形还有什么其他性质？请同学们画一个平行四边形.

2. 猜一猜：

师：观察你所画的平行四边形，猜想平行四边形有什么性质？

生：对边相等，对角相等.

3. 验一验：

师：请同学们利用你们手中的直尺和量角器量一量.

对于基础好的同学，还可用平移、旋转、拼图等方法验证.

4. 证一证：

师：是不是所有的平行四边形的对边和对角都相等呢？你能证明吗？

师：我们先把猜想进行转化，写出已知、求证. 到目前为止，我们有哪些方法证明线段相等呢？

生：全等三角形.

师：我们知道，当两条线段位于同一个三角形时，我们常常考虑等角对等边；当两条线段不在同一个三角形时，我们常常利用三角形全等. 从本题要证的两条线段来看，他们是互相平行的，是不可能位于同一个三角形中，所以我们考虑利用三角形全等来证明. 这个图形中并没有现成的三角形，怎么办呢？

生：连接 AC.

师：很好，我们发现只需连接对角线就可以把平行四边形分成两个三角形，为此，我们连接 AC.

学生独立完成证明过程，然后小组交流，最后展示交流结果.

师：平行四边形的性质包含边相等、角相等，以后我们要证明线段相等、角相等时，可以利用平行四边形的性质来进行. 我们还发现，证明平行四边形性质的过程中连接对角线可以将平行四边形的问题转化为三角形问题来解决.

5. 理一理：

（1）性质归纳；

（2）几何语言；

（3）再反思；

（4）效果：通过再次上课发现，课堂效果较好，很好地完成了这堂课的教学任务，也在上课的过程中发展了学生的数学思维.

6. 总结：

通过对本节课的探讨，学生了解了平行四边形的性质：对边平行且相等，对角相等. 通过学习，学生能运用平行四边形的性质. 为此，在教学中，应特别强调平行四边形的性质在生活中的应用，进而要求学生掌握证明线段和角相等的常用方法. 反思教学过程有以下几点体会：

（1）在教师的引导下，学生以导学案为载体，不断学会自我学习和分析. 学生也从“要我学”转化为“我要学”，同时他们的求知欲得到进一步加强，且在参与中充满了激情，学到了知识，得到了快乐.

（2）本节课的教学中，做到了以下几点：一是充分运用已学知识进行讲解；二是引导学生提出具有发展性和探索性的问题，以增强学生的问题意识；三是充分渗透转化思想；四是恰当添加辅助线；五是充分调动学生的主动性和积极性，让学生主动探究，合作交流.

（3）在巩固练习环节，通过设计简单练习，立即检查学生对课堂知识的掌握情况，让学生感受到了性质在实践中的运用. 为了进一步加深学生对性质的理解，拓展学生思维，教师设置了能力训练题，这有助于开拓学生的视野.

第 2 章

初中生数学几何推理能力培养的课堂教学研究

2.1 初中数学几何推理的教学目标

在初中阶段，学生将首次系统地学习几何知识，并学会用标准的几何语言进行推理、描述与论证. 初中学生对几何知识掌握得牢固与否，几何推理能力强弱与否，将直接影响到他们今后的进一步学习.

初中几何不但在培养初中生的逻辑思维能力和直观想象能力方面具有优势，而且在培养学生的优良思维品质和辩证的世界观方面具有不可替代的作用. 其教学目标如下：

1. 点、线、面、角

通过实物和具体模型，了解从物体中抽象出来的几何体、平面、直线和点等. 会比较线段的大小，理解线段的和、差，以及线段中点的意义. 直观地了解平面上两条直线（不重合）之间的关系：相交与不相交. 掌握基本事实：两点确定一条直线，两点之间线段最短. 理解两点间距离的意义，能度量两点间的距离. 理解角的概念，能比较角的大小.

2. 相交线与平行线

理解对顶角、余角、补角等概念，探索并掌握对顶角相等、同角（等角）的余角相等，同角（等角）的补角相等的性质. 垂线、垂线段等概念，能用三角尺或量角器过一点画已知直线的垂线. 理解点到直线的距离的意义，能度量点到直线的距离. 掌握基本事实：过一点有且只有一条直线与这条直线垂直. 识别同位角、内错角、同旁内角，理解平行线概念. 掌握基本事实：两条直线被第三条直线所截，如果同位角相等，那么两直线平行；过直线外一点有且只有一条直线与这条直线平行. 掌握平行线的性质定理：两条平行直线被第三条直线所截，同位角相等. 探索并证明平行线的判定定理：两条直线被第三条直线所截，如果内错角相等（或同旁内角互补），那么两直线平行；平行线的性质定理：两条平行直线被第三条直线所截，内错角相等（或同旁内角互补）. 了解平行于同一条直线的两条直线平行.

3. **三角形**

理解三角形及其内角、外角、中线、高线、角平分线等概念，会按照边长的关系和角的大小对三角形进行分类，了解三角形的稳定性. 探索并证明三角形的内角和定理. 掌握它的推论：三角形的外角等于与它不相邻的两个内角的和. 证明三角形的任意两边之和大于第三边. 理解全等三角形的概念，能识别全等三角形中的对应边、对应角. 掌握基本事实：两边及其夹角分别相等的两个三角形全等；两角及其夹边分别相等的两个三角形全等；三边分别相等的两个三角形全等. 证明定理：两角及其中一组等角的对边分别相等的两个三角形全等. 探索并证明角平分线的性质定理：角平分线上的点到角的两边的距离相等；反之，角的内部到角的两边距离相等的点在角的平分线上. 理解线段垂直平分线的概念，探索并证明线段垂直平分线的性质定理：线段垂直平分线上的点到线段两端的距离相等；反之，到线段两端距离相等的点在线段的垂直平分线上. 了解等腰三角形的概念，探索并证明等腰三角形的性质定理：等腰三角形的两底角相等；底边上的高线、中线及顶角平分线重合. 探索并掌握等腰三角形的判定定理：有两个角相等的三角形是等腰三角形. 探索等边三角形的性质定理：等边三角形的各角都等于 60°，以及等边三角形的判定定理：三个角都相等的三角形（或有一个角是 60°的等腰三角形）是等边三角形. 了解直角三角形的概念，探索并掌握直角三角形的性质定理：直角三角形的两个锐角互余，直角三角形斜边上的中线等于斜边的一半. 掌握有两个角互余的三角形是直角三角形. 探索勾股定理及其逆定理，并能运用它们解决一些简单的实际问题. 探索并掌握判定直角三角形全等的“斜边、直角边”定理.

4. **四边形**

了解多边形的定义，多边形的顶点、边、内角、外角、对角线等概念；探索并掌握多边形内角和与外角和公式. 理解平行四边形、矩形、菱形、正方形的概念，以及它们之间的关系；了解四边形的不稳定性. 探索并证明平行四边形的性质定理：平行四边形的对边相等，对角相等，对角线互相平分；探索并证明平行四边形的判定定理：一组对边平行且相等的四边形是平行四边形；两组对边分别相等的四边形是平行四边形；对角线互相平分的四边形是平行四边形. 了解两条平行线之间距离的意义，能度量两条平行线之间的距离. 探索并证明矩形、菱形、正方形的性质定理：矩形的四个角都是直角，对角线相等；菱形的四条边相等，对角线互相垂直；以及它们的判定定理：三个角是直角的四边形是矩形，对角线相等的平行四边形是矩形；四边相等的四边形是菱形，对角线互相垂直的平行四边形是菱形. 正方形具有矩形和菱形的一切性质. 探索并证明三角形的中位线定理.

5. **圆**

理解圆、弧、弦、圆心角、圆周角等概念，了解等圆、等弧等概念；探索并了解点与圆的位置关系. 探索并证明垂径定理：垂直于弦的直径平分弦以及弦所对的两条弧. 探索圆周角与圆心角及其所对的弧的关系，了解并证明圆周角定理及其推论：圆周角的度数等于它所对的弧上的圆心角度数的一半；直径所对的圆周角是直角；90°的圆周角所对的弦是直径；圆内接四边形的对角互补. 知道三角形的内心和外心. 了解直线和圆的位置关系，掌握切线的概念. 探索切线与过切点的半径的关系：切线垂直于过切点的半径；反之，过半径外端且垂直于半径的直线是圆的切线. 会用三角尺过圆上一点画圆的切线. 探索并证明切线长定理：过圆外一点所画的圆的两条切线长相等. 了解圆与圆的位置关系. 会计算圆的弧长、扇形的面积. 了解正多边形的概念以及正多边形与圆的关系.

6. **尺规作图**

能用尺规完成以下基本作图：作一条线段等于已知线段；作一个角等于已知角；作一个角的平分线；作一条线段的垂直平分线；过一点作已知直线的垂线. 会利用基本作图作三角形：已知三边、两边及其夹角、两角及其夹边作三角形；已知底边及底边上的高线作等腰三角形；已知一直角边和斜边作直角三角形. 会利用基本作图完成：过不在同一直线上的三点作圆；作三角形的外接圆、内切圆；作圆的内接正方形和正六边形．在尺规作图中，了解作图的道理，保留作图的痕迹，不要求写出作法．

2.2 初中数学几何推理教学方法研究

在初中数学几何推理的教学过程中，其教学方法大致可以归结为以下几方面：

1．激发学生的学习兴趣

对初中生来说，他们只有对几何知识感兴趣，才会更加积极地投入到几何知识的学习中．因此，初中数学教师在实际教学中，要结合学生的实际情况，采取适宜的方式，来激发学生学习几何知识的兴趣．

2．合理应用几何画板

几何画板可以将几何图形形象地展示出来，以帮助学生更好地理解几何规律．以点、线、面为基础元素，通过变化、构造、轨迹跟踪等，将相应的图形绘制出来，做到在运动中保持给定的几何关系，这样就可以让学生在图形变化中，理解恒定的几何规律．它可以调动学生的思维，有助于发展学生发现问题和解决问题的能力．对一些学习成绩比较差的学生来说，几何画板的应用可以极大地调动学生的思维，让他们对几何知识进行深入探究．

3．熟练应用概念

初中数学几何知识涉及的概念很多，而学生在学习过程中，受自身思维能力的影响，在理解这些概念时会有一定的难度．因此，教师要从关键字、词对学生进行引导，并通过学生自主思考、合作交流、师生互动等方式，让学生对这些概念进行认知．然后教师引导学生利用这些概念去解决问题，让学生通过做题来全面加深对几何概念的理解，同时还可以让学生更加高效率地掌握几何知识．

4．培养学生的几何思维

初中数学中的几何问题，需要在概念、判断和推理中解决，而在实践中为了让学生更好地学习几何知识，数学教师还需要注重对学生的正向思维、逆向思维、正逆向结合思维进行培养，以使学生全面地理解几何内容.

这种教学在培养学生推理能力、数学空间能力上具有极强优势. 初中数学教师要充分意识到，学生的几何知识学习不仅影响到其数学学习，还会对学生今后的发展产生极大影响.

2.3　初中数学几何推理教学策略研究

在初中数学几何推理的教学过程中，其教学策略大致可以归结为以下几方面：

1. 尽早介入，循序渐进

对于初中生来讲，几何推理表达是新内容，而培养学生具有独立的、良好的表达能力，是一个循序渐进、逐渐积累的过程. 为此，我们要善于挖掘数学素材，逐步渗透，落实强化表达能力的培养. 例如，在开始学“基本的平面图形”时，就要渗透语言表达能力的相关内容. 即要求学生能用文字语言对基本概念：点、线、角进行辨析，会用图形语言来补充，会用符号语言来描述它们之间的和、差、倍、分等数量关系. 例如，讲直线、线段、射线这节引入课时，课后需用图表来展示这三种线的文字、图形以及符号描述方法，这样在第一节课就形成了对几何定义的理解方法. 再如，讲解“两点之间线段最短”这一公理时，其应用为什么广泛，怎么用，这都是应该设计的问题. 这里应该让学生清楚，直观观察不一定准确，应帮助学生归纳第一章的知识点并作为后面的推理依据，也只有理解了几何推理的三段论，才能为后面的推理打下基础.

2. 加强画图能力，强化定义理解

很多学生认为，数学就是会做题、会算结果，不需要记忆，理解就行. 但数学是自然科学，其中的定义、公理、定理和性质必须用专业语言来规范，并准确地描述. 所以，在教学中一定要强化学生准确记忆. 为此，在培养学生的推理表达能力方面，首先是画图能力，因为点连成线，线动连面，面连成体. 它几乎描述了所有几何体的生成过程，画图直观，学生易

接受，可以从感官上来接受知识. 其次，进一步用符号语言进行归纳概括. 有了第一步，后面就不难了. 几何逻辑推理过程就是学生结合图形用几何语言进行表达，让一切文字语言符号化. 因此，几何入门教育非常重要. 学生画图时，需强调借助圆规和直尺规范准确画图，让学生通过图形明了线段、角之间的大小关系，可以用不同的符号表示线与线、角与角之间的数量关系，用图形语言解析问题. 这里，在学生入门阶段，强调了几何定义的三种表述方式，但需要把图形、符号、字句等有机结合起来，让学生养成转换互译的习惯，进而写出完整的推理过程.

3. 巧用推理形式和过程

几何推理要求发展学生的演绎推理能力，让学生了解各种演绎推理的表达形式. 其中，综合法是从已知条件出发，根据基本事实、定义、定理进行逻辑推理，最后得到待证结论的证明方法. 这是学生必须掌握的演绎推理方法. 其中，三段论是综合法中基本的推理形式，是最常见的演绎推理形式. 运用三段论表述，学生易接受、易理解，具有很强的实用性. 它的基本模式为：

因为……已知、已证、图形中看出的条件等；

根据……定义、基本公理、定理、运算性质等；

所以……结论…….

综合法可以理解为多步三段论的有机结合，学习初期，要先写出具体的整个过程. 学生既想少写，又要做对，所以要通过严格反复的训练才能表达清楚. 为此，几何要从入门开始，从定义、定理、性质入手进行教学，让学生养成良好的推理表述习惯.

2.4 “平行线的性质”案例分析

一、教学分析

（一）课标要求

掌握平行线的性质定理，了解平行线性质定理的证明.

（二）课标分析

考虑到七年级学生的年龄状况、认知特点，此部分内容侧重于合情推理，即凭借经验和直觉，通过归纳类比等推断图形的某些性质，同时渗透演绎推理的有关思想.

（三）教材分析

本课为中图版必修二第二章第二节的内容. 在第一章系统学习了“人口”及第二章第一节“关于城市的空间结构”内容后，本节主要从时间维度探讨城市的发展历程及今后的发展趋势. 为此，集中探究了城市化的内涵和标志、世界城市化的进程和城市化对地理环境的影响三个问题. 其中，城市化的内涵是基础，城市化的进程和特点是关键，城市化对地理环境的影响是重点. 根据教材内容需要分两课时，第一课时：什么是城市化，世界城市化的进程；第二课时：城市化对地理环境的影响.

（四）学情分析

学生的知识技能基础：学生在小学就已经直观认识了角、平行与垂直，对其性质也有了一定的了解. 在本章前面几节课中，在学习判定直线平行的条件的同时，自然引入了“三线八角”，认识了同位角、内错角和同旁内角. 这些知识储备为学生本节课的学习奠定了良好的知识技能基础.

（五）学生的活动经验基础

在七年级上学期，学生在几何知识的学习过程中，已经历了一些探索、发现的数学活动，积累了一些直观活动经验，具备了一定的图形识别能力和借助图形分析、解决问题的能力，初步感受了说明论证的必要性；同时七年级学生经过一个学期的合作交流训练，初步形成了一定的合作学习经验，具备了一定的合作与交流能力.

C层学生整体思维活跃，学习主动性较强，其数学思维能力及学习习惯方面较A层、B层学生好，因此，在教学过程中，更应当给予足够的时间和空间让其经历观察、实验、猜测、计算、推理、验证等活动过程，进而达到发展学生思维的目的.

（六）学习目标

1. 知识与技能：经历探索平行线性质的过程，掌握平行线的三条性质，进一步发展空间观念、推理能力和有条理的表达能力. 能够利用平行线的性质解决简单的问题.

2. 过程与方法：经历观察、猜测、测量、归纳、推理、交流等活动，积累数学活动经验，掌握一些探索方法，能有条理地思考和表达自己的探索过程和结果，从而进一步增强分析、概括和表达能力.

3. 情感与态度：让学生在自己独立思考的基础上，积极参与小组活动.在对平行线性质进行讨论的过程中，敢于发表自己的看法，并从中获益，从而进一步激发对数学学习的兴趣，体验从数学的角度认识世界.

（七）教学重难点分析

重点：经历探索平行线性质的过程，掌握平行线的三条性质.

难点：区分性质和判定，以及灵活运用它们解决问题.

（八）教学方式与方法

多媒体几何画板演示，小组合作探索交流.

（九）教学设计思路

本节课遵循“学生为主体，老师为主导”的教育理念和“学习对生活有用的数学”的思想，在设计上综合考虑学生的年龄状况，为学生提供观察、操作、推理、交流等丰富的数学活动平台，并在探索、发现、确认、证明图形性质的过程中，尽可能地借助几何直观，把复杂的问题变得简明、形象，进而发展学生的空间观念和推理能力，加深学生对知识的理解，培养学生的学习能力.

（十）教学资源

几何画板，教材图表资料，多媒体课件.

二、教学过程设计

（一）学习目标

1. 探索并掌握平行线的性质，能进行简单的推理.

2. 通过分析推导，提高学生的分析问题和解决问题的能力.

3. 通过小组合作、帮教，让学生体验成功的快乐.

（二）重难点

1. 重点：平行线的性质及简单应用.

2. 难点：平行线的性质与判定的正确区分.

（三）知识回顾

1. 如何判断两直线平行？你有什么方法？

（1）______；（2）______；（3）______.

2. 如图，

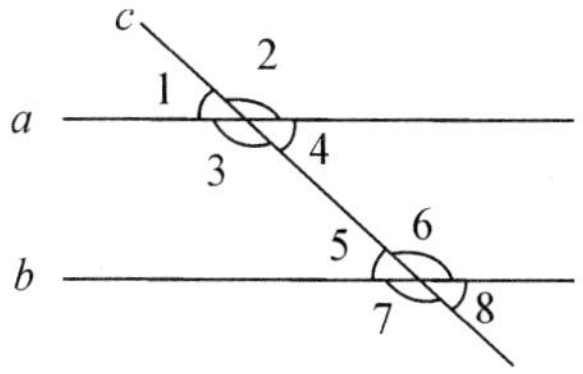

（1）因为∠1 = ∠5 (已知)

所以 $a//b$ （　　　　　　　　　　）

（2）因为∠4 = ∠________（已知）

所以 $a//b$ （内错角相等，两直线平行）

（3）因为∠4+∠________ = 180° (已知)

所以 $a//b$ （　　　　　　　　　　）

活动目的：平行线的性质与判定直线平行的条件是互逆的，初学者易将它们混淆，因此，复习判定直线平行的条件可以为后面平行线的性质学习做好知识与能力上的准备.

活动的注意事项：利用平行线的性质与判定直线平行的条件的互逆关系时要自然.

此时，引入新课，学生不觉得突兀，极易猜想出结论. 但因为学生在应用时非常容易混淆，因此在学生回答判定直线平行的三个条件时，可将其合理板书，以便让学生直观地对判定直线平行的条件与平行线的性质进行对比分析，使其加深印象.

（四）情境引入、探究新知

如图，一条公路两次拐弯后，和原来的方向相同，第一次拐弯的角∠B 是 150°，第二次拐弯的角∠C 是多少度?

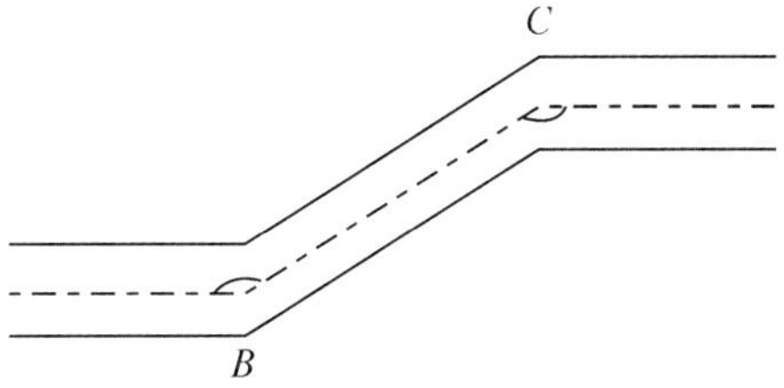

1. 活动探究一：平行线的性质 1.

（1）如图，直线 $a//b$，直线 a, b 被直线 c 所截，请想办法比较同位角 $\angle 1$ 和 $\angle 2$ 的大小关系.

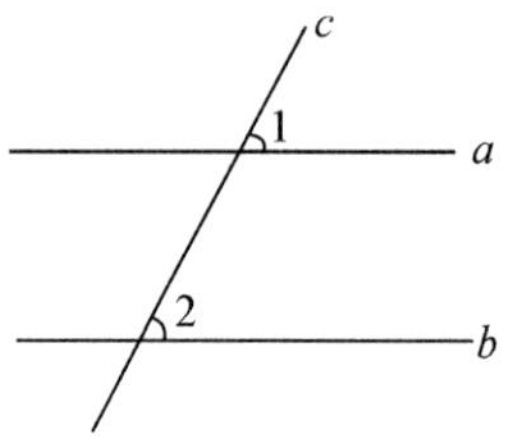

学生活动：

从给定的同位角出发动手验证引入中的猜测，鼓励学生运用多种方法进行验证.

（2）请找出图中其他的同位角，它们的大小又有什么关系呢？

在给定图形的基础上，将验证范围不断扩大，看一看其他同位角是不是也相等.

（3）请用三角板任意画一组平行线并且被第三条线所截，找出所有的同位角，看看你画的这幅图里面这些同位角又有怎样的大小关系？

在备用的纸上画，同样测量各组同位角的度数，检验刚才的猜想是否具有一般性.

教师活动：利用几何画板进行直观验证，以检验学生得出的结果的一般性.

通过以上活动，我们可以知道：

结论：平行线性质 1：________________________________.

几何语言：因为 $a//b$，

所以 $\angle 1 = \angle 2$.

2. 活动探究二：平行线的性质 2.

学生活动：请想办法说明“两直线平行，内错角相等”和“两直线平行，同旁内角互补”是否正确？

有了刚才探索一的经验，对于内错角、同旁内角之间的关系，应放手让学生自己选择探究方法，也可以引导学生通过与同位角进行比较，用推理的方法得到有关结论.

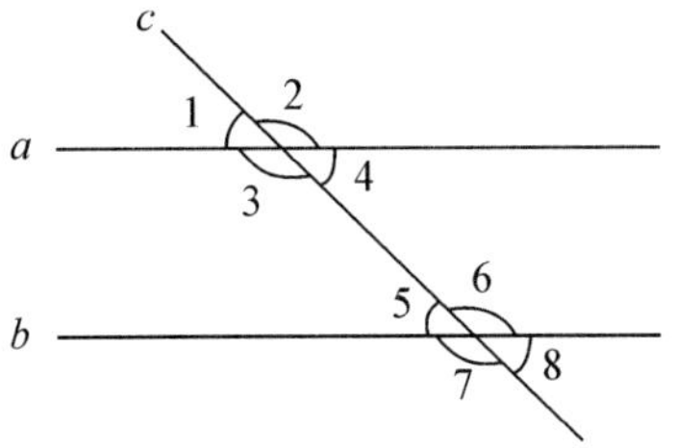

已知 $a/\!/b$，图中有几对内错角？它们的大小有什么关系？为什么？

结论：平行线性质 2：______________________________.

几何语言：因为 $a/\!/b$

所以 $\angle 3=\angle 6$（或 $\angle 4=\angle 5$）

3. 活动探究三：平行线的性质 3.

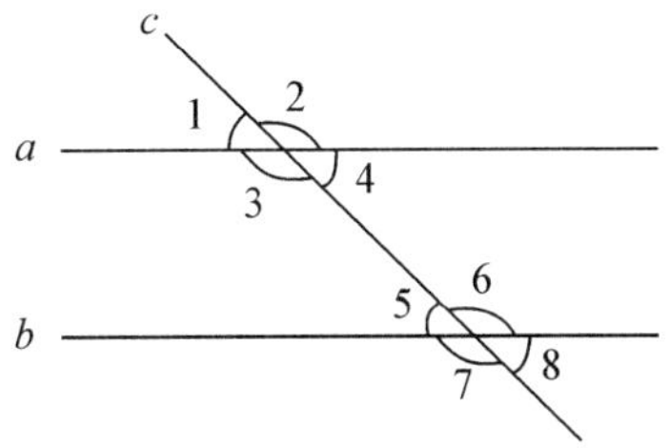

结论：平行线性质 3：______________________________.

4. 学以致用：

如图所示，一束平行光线 AB 与 DE 射向一个水平镜面后被反射，此时，$\angle 1=\angle 2$，$\angle 3=\angle 4$.

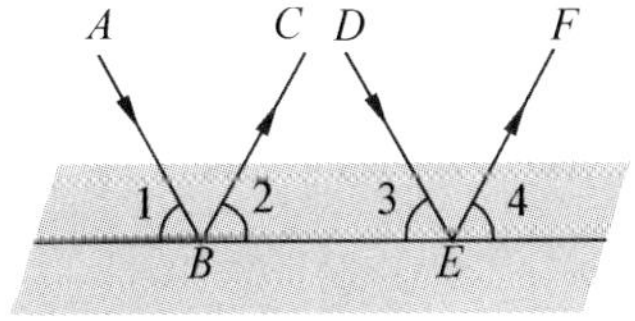

（1）$\angle 1$ 与 $\angle 3$ 的大小有什么关系？$\angle 2$ 与 $\angle 4$ 呢？

（2）反射光线 BC 与 EF 也平行吗？

设计意图：两个问题都是关于平行线性质和判定直线平行的条件的综合应用，通过具体问题，使学生进一步认识和理解平行线的性质和判定直线平行的条件的区别和联系，知道什么时候用性质，什么时候用判定直线平行的条件.

提醒注意：

（1）注意平行线性质和判定直线平行的条件的区别.

（2）题目综合性较强，在当前阶段要把两者结合起来考虑确实有一定的难度. 课堂上速度要放慢，以给学生充足的思考与讨论的时间.

（3）充分发挥学生的作用，让他们在相互讨论、相互启发中逐渐理解几何推理的要领，从而分清推理中因为和所以所表达的意义.

5. 中考链接：

（1）如图，直线 $a//b$，点 B 在直线 b 上，且 $AB \perp BC$，$\angle 1 = 55°$，求 $\angle 2$ 的度数？(　　)

A.35°　　　B.45°　　　C.55°　　　D.125°

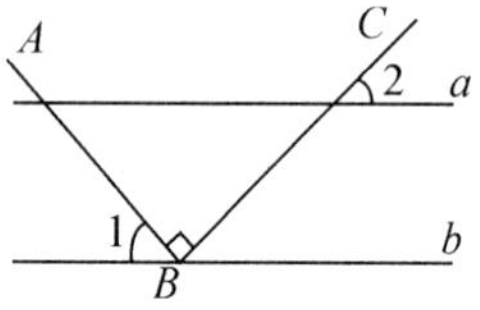

（2）如图，BCD 是一条直线，$\angle A = 75°$，$\angle 1 = 53°$，$\angle 2 = 75°$，求 $\angle B$ 的度数.

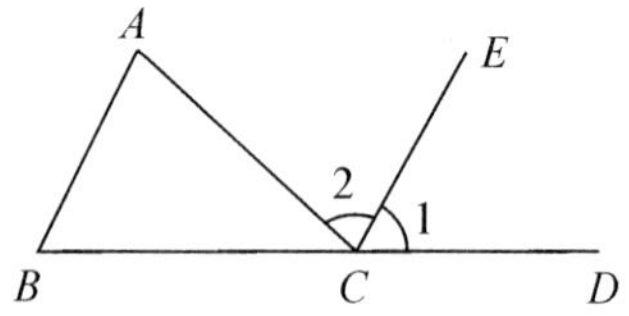

（3）如图，$AB // CD$，直线 EF 分别交 AB, CD 于点 E, F，EG 平分 $\angle BEF$，若 $\angle EFG = 70°$，求 $\angle EGD$ 的度数.

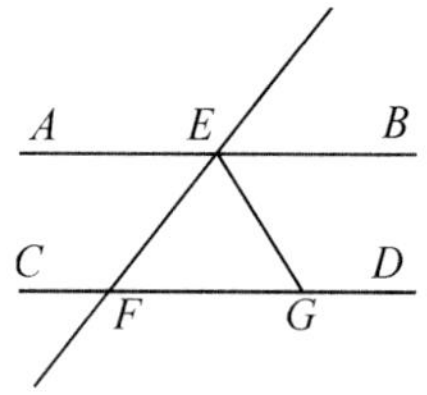

（五）课堂小结

师生交流，共同总结本节课所学的知识.

1. 本节课你有哪些收获？

2. 在本节课的学习中，你还存在哪些疑问？

通过对以上问题的思考引导学生回顾整节课的学习历程，让学生对知识有一个沉淀、吸收的过程. 让学生畅谈自己学习的体会. 通过教师为学生提供的交流互动的平台，使学生倾听别人的想法、意见，从而不断完善自己的认识，形成完整的知识结构.

（六）板书设计

平行线的性质 1

（1）两直线平行，同位角相等；

（2）两直线平行，内错角相等；

（3）两直线平行，同旁内角互补.

三、课后反思

本节课研究的内容是平行线的性质，它是在学生学习了判定直线平行的条件之后来进行学习的. 因此，在引入环节，要充分考虑到这一点，从复习判定直线平行的条件入手，进而引导学生进行平行线性质的探究.

本节课着重突出了平行线性质的探究过程. 通过学生自主测量、猜想、验证，让学生在充分活动的基础上自己发现，并用自己的语言来归纳，这样可以增强学生的学习兴趣和自信心.

在教学中，有意识、有计划地设计了教学活动，充分挖掘知识内涵，引导学生体会平行线性质与两直线平行的条件之间的联系与区别，使学生体会数学知识间的密切联系.

需要注意的地方：

（1）对两直线不平行时同位角、内错角、同旁内角之间关系的探究有助于学生加深对平行线性质的理解，有助于学生区分平行线的性质与判定两直线平行的条件，此处有必要加强.

（2）在学生的自主探索、合作交流的过程中，应该留给学生充足的时间，不要由教师包办代替学生进行思考.

（3）本课设计的内容较为丰富，实际使用时，可根据教学班的实际情况进行选取.

2.5 “相似三角形综合练习”案例分析

一、教学分析

（一）课标要求及分析

课标要求：了解相似三角形的定义、判定定理、性质定理，并会解决简单的实际问题.

课标分析：《义务教育数学课程标准（2011年版）》的要求定位在“了解”和“简单”层面，因此，在复习过程中要注重对相似三角形相关基础知识和常见题型的把握.

（二）教材及学情分析

华东师大版九年级上册“图形的相似”是在研究“图形的全等”基础上集中研究“图形的相似”的. 在前面的学习中，学生已经较为系统地学习了线段的比、成比例线段、平行线分对应线段成比例定理、相似图形、相似多边形、位似图形等，具备了一定的合情推理和演绎推理能力，为该章节中的重点内容“相似三角形专题复习”做好了知识和能力上的准备.

（三）学习目标

掌握相似三角形的定义、判定定理、性质定理；

能根据相似三角形的判定定理和性质定理以及已经学习过的其他知识解决简单的实际问题，进一步体会类比、分类、归纳和数形结合的思想方法.

（四）教学重、难点分析

教学重点为相似三角形的判定定理和性质定理，教学难点为相似三角形性质定理的灵活应用.

（五）教学方式与方法的选择

设疑引导，讲练结合.

（六）教学设计思路

本课教学流程：设疑导入→合作探究→学以致用（找、选、造）→巩固提升→归纳总结.

首先，通过小组合作把学生的个人课前作业进行讨论、完善和展示，总结相似三角形的常见基本图形，以便为本节专题复习做好知识铺垫. 其次，以问题为导向，以“找”“选”“造”为标准设计三道低起点、缓坡度的例题，引导学生自主探究相似三角形的相关问题，感受基本图形在相似三角形问题中的应用，并总结归纳出相关的解题方法. 最后，在课后作业中设计了两道有梯度的题目，既加深学生对知识本质的理解，又强化学生对知识之间联系的认识，在巩固检测学生所学知识的同时，激发和提升学生的数学思维能力和创新意识.

（七）教学资源

学案图表资料，多媒体课件，几何画板.

二、教学过程设计

1. 设疑导入.

同学们，课前请大家找出九年级上册课本“图形的相似”中相似三角形的常见基本图形（下称相似基本型），大家找出了多少个？

学生回答的个数有些不同.

设计目的：个数的不同能激发学生进行合作交流.

2. 合作探究.

下面以六人小组为单位进行合作探究，把大家公认的比较常见的相似基本型进行整理. 请先完成的小组进行展示，其他小组进行补充.

设计目的：通过小组合作，学生取长补短，把握本节课重点，培养合作交流和归纳能力.

学生归纳的基本型如下：

A 型

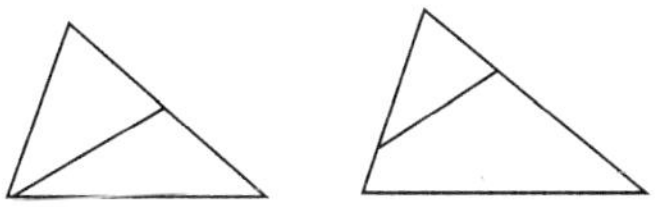

斜 A 型

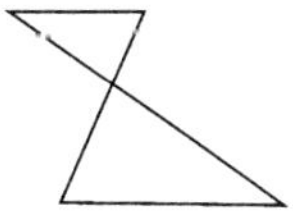

X 型

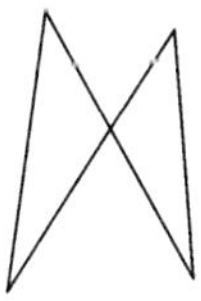

蝶形

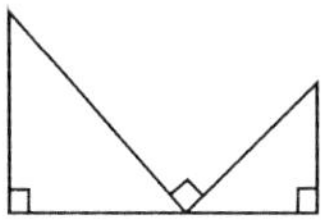

K 型

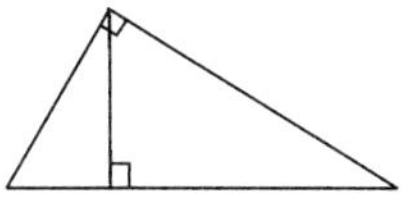

子母型

设疑：你可以把上面的相似基本型进行分类吗？

学生回答：A 型、X 型、K 型相似基本型都有平行，是一类，其他的没有.

学生补充：K 型、子母型相似基本型都有 90°角，是一类，其他的不一定有.

追问：蝶形相似基本型一般出现在什么图形里面？

学生回答：圆.

设计目的：通过分类让学生体会这些相似基本型的共同点和不同点，以培养学生比较、分析的能力.

多媒体演示：利用几何画板演示上图的一些相似变形，以丰富学生的认识.

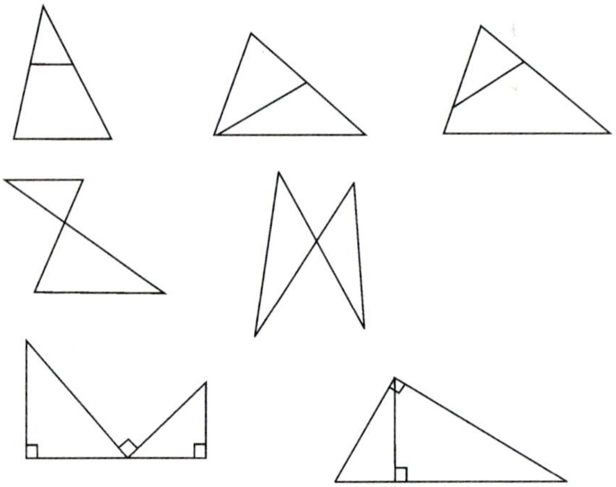

师生总结：最常见的是 A 型和 X 型相似基本型.

3. 学以致用（找相似型）.

例 1：如图，在$\triangle ABC$中，$DE // BC$，$AE:EC=2:3$，则 BC 等于（　　）.

A. 10　　B.8　　C.9　　D.6

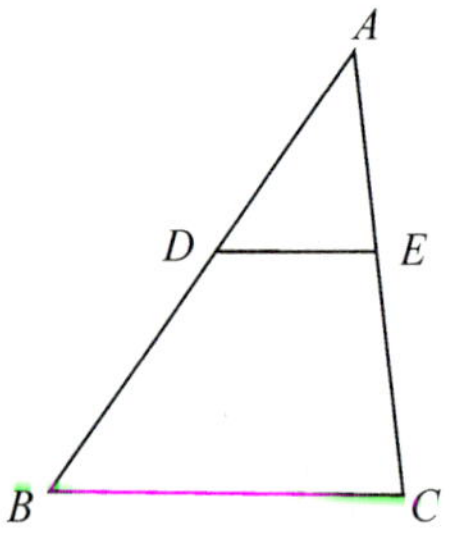

设疑：此题用到什么相似基本型？

学生回答：A 型.

追问：选 D 的同学错在哪里？

学生回答：把 $AE:EC=2:3$ 当作 A 型相似三角形的相似比了，应该是 2:5 才对.

学生活动：独立完成，学生说题.

设计目的：学生体会找相似基本型是解题的关键，以培养学生的表达能力.

例 2：如图，已知 AB, CD, EF 都与 BD 垂直，垂足分别是 B, D, F，且 $AB=1$，$CD=3$，那么 EF 的长是（　　）.

A. $\frac{1}{3}$　　B. $\frac{2}{3}$　　C. $\frac{3}{4}$　　D. $\frac{4}{5}$

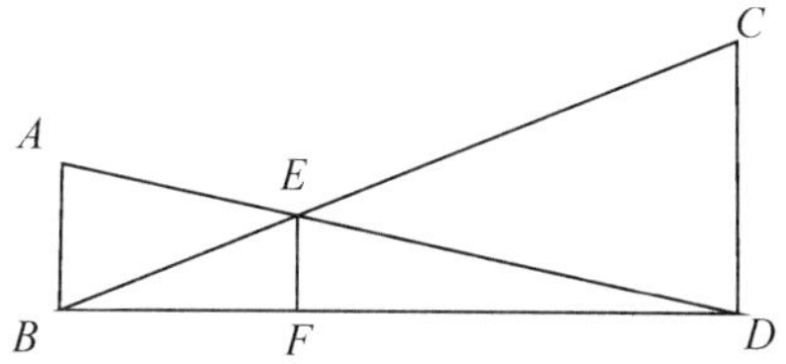

设疑：此题用到什么相似基本型？

学生回答：A 型、X 型.

追问：从哪个基本型入手？怎么解决？

学生回答：因为已知的 AB 和 CD 在 X 型相似基本型中，所以从 X 型相似基本型 $\triangle ABE \backsim \triangle DCE$ 入手. 知道 $BE:EC=1:3$，所以在 A 型相似基本型 $\triangle BEF \backsim \triangle BCD$ 中，$EF:CD=1:4$，从而求出 $EF=\frac{3}{4}$.

追问：还有别的方法吗？

学生回答：选 A 型相似基本型 $\triangle DEF \backsim \triangle DAB$ 也可以.

学生活动：独立完成后小组讨论，学生说题.

设计目的：学生体会有多个相似基本型时，如何进行选择并解题，以培养学生的数学思维能力.

例 3：如图，在▱$ABCD$ 中，对角线 AC 与 BD 相交于点 O，在 DC 的延长线上取一点 E，连接 OE 交 BC 于点 F. 已知 $AB=a$，$BC=b$，$CE=c$，求 CF 的长.

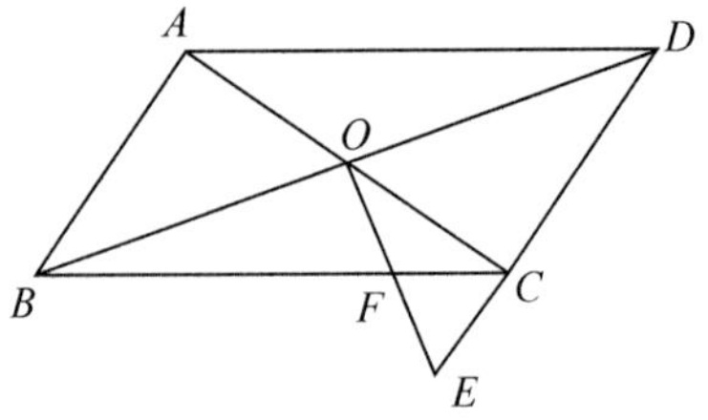

设疑：此题有相似基本型吗？能否直接解决问题？

学生回答：有 X 型，但是与 CF 无关，不能求 CF.

追问：有什么好办法解决这个问题？

学生回答：利用平行构造相似. 在 $\triangle CEF$ 中，已知 $CE=c$，求 CF，所以应构造一个与 $\triangle CEF$ 相似的三角形.

方法 1：构造 A 型相似基本型.

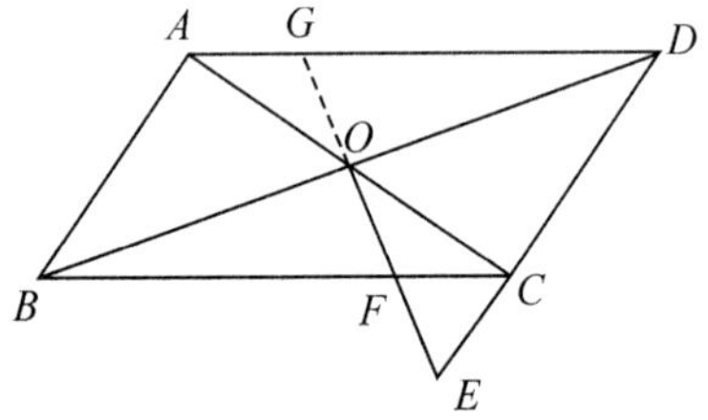

注意到 $CF\,//\,DA$，所以延长 EO，交 AD 于点 G.

先证 $\triangle CFO \cong \triangle AGO$，则有 $AG=CF$.

再证 $\triangle ECF \backsim \triangle EDG$，则有 $\dfrac{CF}{DG}=\dfrac{EC}{ED}$，

即 $\dfrac{CF}{b-CF}=\dfrac{c}{a+c}$，从而解得 $CF=\dfrac{bc}{a+2c}$.

方法 2：构造 X 型相似基本型.

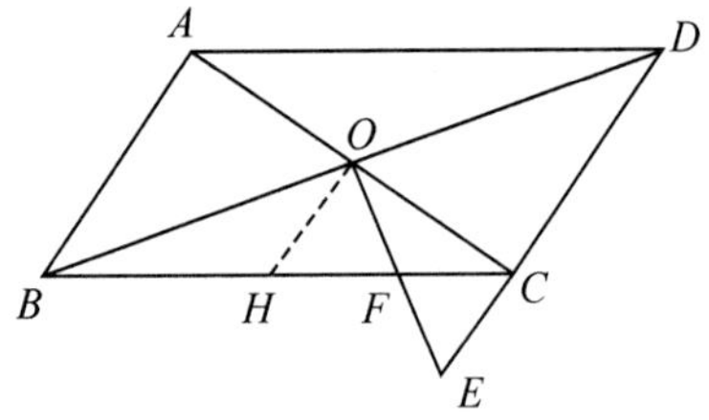

过点 O 作 $OH\,//\,CD$，交 BC 于点 H.

因为 $OB=OD$，所以 $BH=HC=\dfrac{b}{2}$，从而有 $OH=\dfrac{1}{2}CD=\dfrac{a}{2}$.

再证$\triangle OFH \backsim \triangle ECF$，则有$\dfrac{HF}{FC}=\dfrac{OH}{EC}$，

即 $\dfrac{\frac{c}{2}-CF}{CF}=\dfrac{\frac{a}{2}}{c}$，从而解得$CF=\dfrac{bc}{a+2c}$.

设计目的：（1）从“找”，到“选”，到“造”相似基本型，突出重难点，使学生的探究变得自然，使学生的思维得到有层次的提升.

（2）鼓励学生从多角度多方面考虑问题，实现一题多解，增加学生思维的灵活性.

师生总结：通过前面三道例题，我们学会了“找”“选”“造”相似基本型，而“造”相似基本型的常用方法是作平行.

4. 巩固提升：

练习 1：如图，平行于BC的直线DE把$\triangle ABC$分成的两部分面积相等，则$AD:AB=$____________.

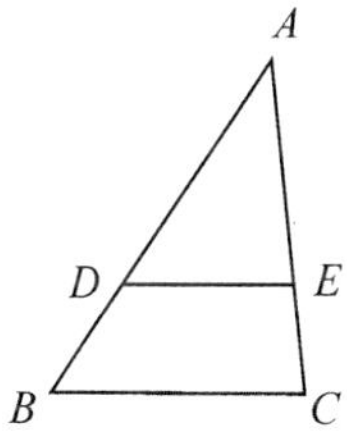

练习 2：如图，D,E分别是$\triangle ABC$的边AB,BC上的点，$DE/\!/AC$，若$S_{\triangle BDE}:S_{\triangle CDE}=1:3$，则$S_{\triangle DOE}:S_{\triangle AOC}=$____________.

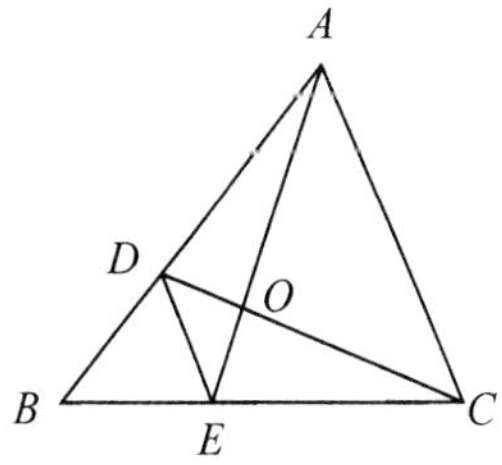

学生活动：独立思考，组内解决.

设计目的：让学生通过两道练习来了解相似三角形的常见题型（面积比问题）.

师生总结：解决面积比问题的关键是，找相似基本型，并且注意面积比是相似比的平方，相似比是面积比的开方.

5. 课堂小结：

设疑：这节课主要学习了什么？

学生回答：通过“找”“选”“造”A 型、X 型相似基本型来解决一类相似三角形的问题.

追问：除了 A 型、X 型相似基本型，还有什么常见题型？

学生回答：斜 A 型、蝶形、K 型、字母型相似基本型.

转承：我们将在下一节课进一步复习相似基本型的其他类型及综合应用.

设计目的：总结方法，突出重点，并为下节课的学习做铺垫.

6. 自我检测：

必做题：“找”“选”相似基本型解题.

选做题：“造”相似基本型解题，而且该题至少有十种不同的解题方法.

设计目的：必做题用于检测和巩固所学知识，选做题用于激发和提升学生的思维能力和创新意识.

三、板书设计

相似三角形专题复习

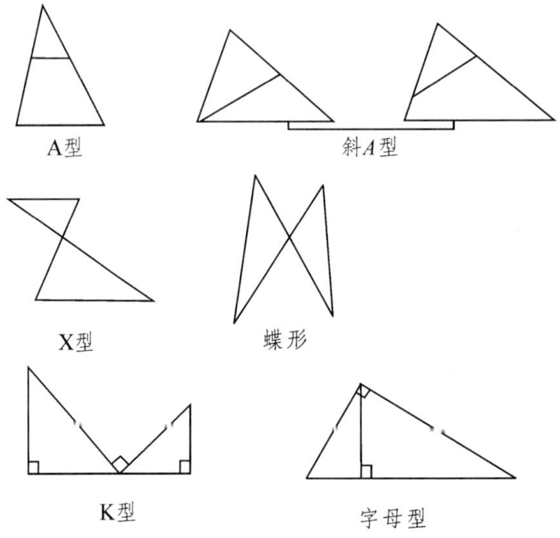

有平行：A 型、X 型、K 型　　　　方法：作平行

有直角：K 型、字母型　　　　　方法：作垂直

四、检测性评价

（必做题）1. 如图 1，已知$\triangle ABC$，$\triangle DCE$，$\triangle FEG$是三个全等的等腰三角形，底边 BC, CE, EG 在同一直线上，且 $AB=\sqrt{3}, BC=1$, BF 分别交 AC, DC, DE 于点 P, Q, R．求证：（1）$\triangle BFD\backsim\triangle FEG$；（2）求 $AP:PC$．

（选做题）2. 如图 2，在$\triangle ABC$中，$AD:DC=1:2$, $BE:EC=3:2$，求 $DF:BF$．（找尽可能多的方法求解）

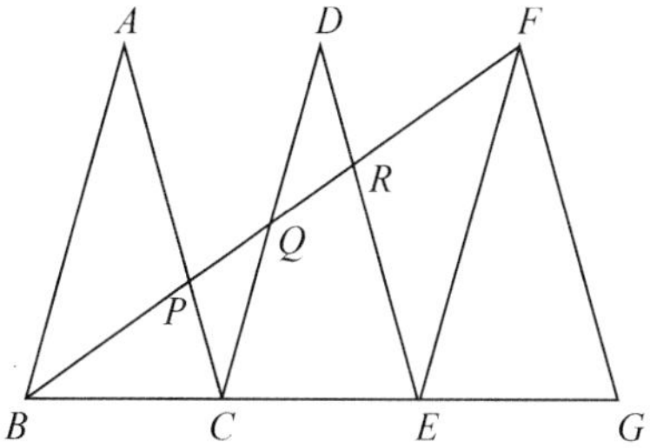

图 1

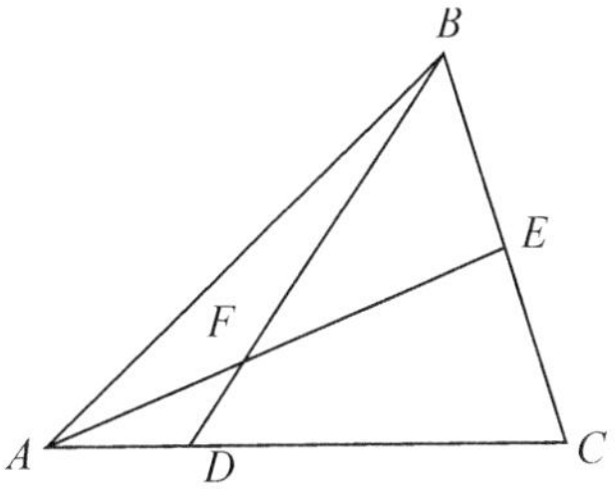

图 2

设计意图：让一部分优生提高解题的综合能力，得到更高层次的发展．

五、教学反思

1. 以问题带动知识点和方法生成．

数学复习课是初中数学教学的重要组成部分，特别是在初三后期，专题复习显得尤为重要．本节课采用“个人课前整理”和“小组讨论完善”的方式，让学生整理并归纳相似三角形的基本图形，并以最常见的 A 型、X 型相似基本型为本课主线，以有层次的问题作引导，来激发学生的探索意识，培养学生发现问题、分析问题和解决问题的能力．

2. 以基本图形导航解题思路和方法．

解决相似三角形问题的关键通常在于对基本图形的把握和应用．所谓基本图形，就是图形化的公式．本节课通过三道低起点、缓坡度例题，让学生通过“找”“选”“造”再借助基本图形的基本元素和相互关系，从较复杂的图形中辨识、选择、构造出基本图形，从而使复杂问题简单化，同时总结归纳出解题的思路和方法．通过这几道例题的解答，不仅能提高学生的几何水平，还使其思维能力得到有层次的提升．

3. 以学生的解题说题代替老师讲授.

学生说题，就是把审题、分析、解答以及反思的思维过程说出来，再通过老师的引导和同学的补充，让学生自己和其他同学都能把握解题过程.这样不仅调动了学生参与课堂教学活动的积极性，促进师生、生生间的交流，更增加了学生学习的成就感，提高了学生的表达能力和思维能力.

第3章

初中生函数学习的困难成因及教学策略思考

3.1 初中学生函数学习的困难成因

3.1.1 函数学习在数学学习中的重要性

在数学史上，函数是一个演进了两百多年的重要概念，是学生在初中、高中甚至大学都要学习的重要概念，是代数的纽带，与代数式、方程、不等式等都有着直接的联系. 函数是初中数学的核心内容，贯穿初中数学的始终. 初一让学生初步接触函数，学习平面直接坐标系. 初二让学生学习函数概念、一次函数（正比例函数），从而让学生感受函数关系和函数图象的对应关系，体会数形结合这一重要思想. 初三让学生学习反比例函数、二次函数，从而让学生全面掌握函数相关知识，体验函数模型在现实生活中的应用. 由此可见，函数在初中数学体系中占有重要地位和作用.

3.1.2 函数学习中的困难

函数是初中生的一个学习难点. 从实际教学情况来看，函数概念不容易理解，其中包括常量、变量的理解以及变量与“变化过程”的理解；同时，函数表达式的多样性，要求学生能将各种表达式灵活转换. 函数是数与形的结合体，要求学生具有数形结合的意识，并能熟练运用图形语言、符号语言、文字语言的相互联系解决问题. 这些基本技能对学生来说都是一种思维上的挑战，更不要说领会和把握函数思想，融汇与变通函数方法，这也将导致学生的学习不能顺利进行.

总之，函数学习是初中数学学习的重要阶段，它贯穿整个初中数学教学过程，其内容涉及代数、几何、三角函数等知识. 学生对函数知识的掌握程度直接影响其后续的学习，所以，我们有必要搞清初中生在学习函数过程中存在哪些困难，以帮助学生克服学习上的困难，更好地提高教学质量.

初中生在学习函数的过程中主要存在以下困难：

（1）学生对函数概念的理解不到位，认识比较模糊，甚至是曲解，无法正确判断函数关系. 学生对“函数表达式”的理解，大多倾向于函数解析式，由于课本对图象法和列表法的介绍比较少，教师对这两种表示形式也就有所忽视，进而造成学生对这两种表达式的学习比较困难，学生也就无法认识函数的本质.

（2）学生对函数性质的应用缺乏灵活性，机械地套用公式.

（3）学生对数形结合思想的运用比较欠缺，不能形成一种“自觉意识”，往往将数、形割裂开来；学生在函数学习过程中并没有形成这样一种数形结合的意识，没有认识到数形结合在函数学习中的作用，造成解题方法烦琐，部分学生在解决函数问题时，易陷入困境.

（4）初中生方程思想重，函数思想比较薄弱，比较倾向于用方程来解决问题. 当面对一个变量间存在函数关系的问题时，学生并不能立刻反映出其中的函数关系，甚至认为它不具有函数关系，仅是包含一种可以建立等式的数量关系.

（5）学生由于阅读、分析题目的能力比较薄弱，无法找出题目中隐含的关系，从而找不到解决问题的突破口，造成问题无法得到解答. 函数学习的困难已经严重影响到学生的学习效果.

3.1.3 初中生在学习函数的过程中产生困难的主要原因

1. 函数知识的复杂性

从数学的发展历程来看，从函数的提出到不断完善，是一个漫长而曲折的过程. 在这个不断完善的过程中，数学思维方式也发生了很大转折：从静止转向运动、从离散趋向连续、从运算演变到关系，逐渐实现了数与形的有机结合，以及在符号语言与图表语言之间的灵活转换. 所以，在学习函数的过程中，学生出现认识上的困难是正常现象. 从函数内容来看，造成这种认识困难的原因主要有三方面：

（1）函数概念的抽象性.

函数概念的定义是初、高中数学教材中应首要关注的问题. 从调查结果来看，学生对函数概念的认知水平并不高，存在一些错误认识. 函数将我们从常量数学带入变量数学，而变量数学易造成部分学生对概念的不理解；对函数概念的机械记忆，会造成函数辨识困难. 而在学习过程中，对概念的机械记忆和一知半解导致学生不能进行迁移学习，甚至产生负迁移. 因此，在函数的教学过程中，我们应通过列举学生熟悉的实例创设情境，引导学生总结函数概念，并深化理解.

（2）函数表示方式的多样性.

初中课本上函数表示方式有三种：图象法、列表法、解析式法. 初中数学教材中对图象法和列表法的重视不够，很多学生对这两种表示方法的认知水平不高，导致学生在选择表示方式时倾向于解析式法，这种倾向容易造成学生学习上的困难. 解析式法并不是万能的表达式，并不能解决所有问题，有时需要同时考虑几种表达式，并需要在它们之间进行协调和转换. 通过实际教学经验和学习经验来看，灵活选择不同的表达式是解决问题的关键.

（3）函数图象性质的灵活性.

数与形是数学的两方面，函数图象可以直观地反映函数性质，函数图象和性质是密切相关的. 通过调查发现，学生并没有把图象看成函数的一部分，而是把图象看成函数之外的东西，这样就造成了即使大多数同学能画出函数的图象，但也不能通过观察图象发现函数的一些基本属性，为题目的解决找到突破口. 之所以出现这种情况，是因为我们在学习函数之前，对数量关系与图形基本都是单独思考、单独学习的. 根据笔者的教学经验，数形结合思想往往是解决函数问题的关键，若缺乏这种思想，将会对问题的解决产生阻碍. 从学生的答题情况看，绝大多数学生的数形结合思想还需要加强，只有这样才能达到灵活运用的要求.

2. 学生思维发展水平方面的原因

研究表明，初中生总是静止、局部、形象地看待事物，还处于形式逻辑思维的水平，思维水平还很不成熟，而函数是一个发展的、变化的概念，由于两者的不协调，容易造成学生在函数认识方面存在一定的困难，容易对函数概念产生曲解或偏见. 理解函数概念，需要学生在头脑中构建解析式、表格或者图形，使变量之间的对应关系得到具体的、变化的反映，这就要求学生的思维从静止到运动、从离散到连续、从形象到抽象逐渐转换. 但是初中生总是静止地、局部地、形象地看待问题，思维发展水平还不成熟，还不能将具体的实例与抽象的概念联系起来. 所以说，就初中生现在的思维水平，让他们学习函数这样一个抽象的概念，还存在很多困难.

3. 学生学习习惯养成方面的原因

研究发现，良好的习惯有利于学习，不好的习惯阻碍学习的进行. 初中生在习惯养成上具有较强的可塑性，学习上的一些好习惯是需要不断培养的，但是不好的习惯也会在日常生活和学习中慢慢形成. 例如，学生在学习数轴时，对数轴的三要素不够重视，平时作图时，经常丢三落四，有的老师觉得这并不影响做题，不做个别纠正，让学生慢慢养成了一种不好的作图习惯，使图象缺乏精确性、严密性. 这种习惯也会直接影响到直角坐标系的学习，有的同学经常忘记标注 X 轴、Y 轴，导致在解决函数问题时，有时会把自变量和因变量整反. 而在画直角坐标系时，有的同学随便画两条直线，甚至不垂直，造成画出的函数图象不准确，不能直观地反映函数的基本性质，造成对问题的理解出现偏差，阻碍了问题的解决，不利于数学结合思想的运用，造成函数学习困难.

通过分析我们发现，初中函数学习困难主要有三方面的原因造成：函数知识的复杂性、学生的思维发展水平、学习习惯的养成. 函数知识的复杂性要求教师在教学过程中，抓本质，讲方法，切不可照搬课本，因为照搬课本会造成学生对知识的模糊记忆，做题时只会生搬硬套，缺乏灵活性；初中生的思维还不够成熟，使得学生看待问题比较局限，这也给很多学生的学习造成了障碍；初中生的性格比较个性化，缺乏严谨性，他们虽然对很多问题有创新性，但缺乏准确性，等等，这些都是造成初中生函数学习困难的原因. 因此，在平时的教学过程中，教师要注重观察学生，尽可能地减少学生函数学习困难的产生.

3.2 解决初中生函数学习困难的教学策略

3.2.1 函数概念的教学策略

遵循学生从“具体—抽象—具体”的认知规律，让学生经历探索函数概念本质的过程.

课改前，教师总是把抽象的“函数”概念直接告诉学生，并越俎代庖地把函数的本质特征也给抽象了，而学生怀揣老师抽象的“函数”概念对具体问题进行判断. 通过观察，发现学生对问题（如 3 题）的判断有问题，导致这种结果的根源是教师违反了初中生从“具体到抽象”的认知规律，没有让学生通过具体的实例自己抽象概括出函数的本质特征.

从思维发展的角度来看，初中生处在半幼稚、半成熟的过渡时期，抽象思维水平仍然较低，处于直觉经验型思维向逻辑思维的过渡阶段，其逻辑思维层次仍然在形式逻辑阶段，辩证思维还处在萌芽和初始状态. 因此，初中生对数学知识的理解、判断和推理在很大程度上靠形象直观来支撑，所以呈现知识时也应遵循从具体到抽象的原则.

3.2.2 函数图象与性质的教学策略

利用坐标纸，让学生自己动手，经历探索函数图象及性质的过程.

从特例得出正比例函数的性质，用的是不完全归纳法，这里至少应该有三个例子. 另外，这里忽略了学生在数学学习中，对数学基本活动经验的积累.

《义务教育数学课程标准》已经把“双基”扩展为“四基”，即在基础知识、基本技能之后，增加“基本数学活动经验”与“基本数学思想方法”. 重视基础是为了发展，数学教育改革中坚持“四基”，不仅可以更好地促进学生发展，而且也更加突出数学的学科性质.

基本活动经验主要是指在数学基本活动中形成和积累的过程知识. 由于在我国的数学教学中过分强调“演绎活动”而削弱甚至忽视了“归纳活动”，因此，基本活动经验更加强调关于归纳活动的经验.

从知识的角度来看，“双基”是一种理性的、形式化的结果性知识，而基本活动经验则是一种感性的、情景化的过程性知识，它们各强调了数学知识的一个侧面，前者形成的是一种知识系统，而后者形成的是一种经验系统，两者的有机结合才能形成完整的数学知识结构. 就方法而言，“双基”主要以演绎法为主，演绎法只是一种依据固定的前提（定义、公理、定理等），利用相对固定的推理程序（三段论），得出固定结论的方法，而结论的预测与发现，推理思路的探索与调整以及知识的实际应用等，靠演绎法是推不出来的，从这个意义上讲，“儿童不可能通过演绎法学会新的数学知识”. 所以，在教学中我们应该重视学生知识的探究过程，让学生积累数学活动经验.

3.2.3 实际问题的教学策略

函数关系不仅广泛存在于学生的数学课程之中，还与其他学科以及学生的实际生活有着密切的关系. 例如，物理学中的自由落体运动、生物学中的细胞繁殖速度等都可以归结为函数关系. 函数关系还与学生的实际生活息息相关，如电话费与用时的关系、出租车车费与里程的关系、电费与用电量的关系、水费与用水量的关系、银行利息与存款时间的关系等都是函数关系. 在函数的课程设计中，使用学生熟悉的、有现实意义的题材，充分发挥函数思想解决实际问题的作用，鼓励和组织学生进行社会调查和研究，让学生学会运用函数知识解决实际问题，增强学生学习函数的兴趣和信心.

3.3 “正比例函数的图象及其性质”案例研究

一、背景

在当前的初中数学教学中，教师除了重视数学知识的传授外，越来越多的教师开始关注数学知识和学生的实际生活的联系，以使学生对生活中的数学从熟视无睹、缺乏兴趣，慢慢过渡到学习并解决生活中的实际问题. 数学教学应结合日常生活及其他领域中的问题，举出更好的例子、更好的问题，以使学生体验数学与生活的联系，训练学生应用数学知识分析问题和解决问题的能力. 因此，在本节课中，我搜集了生活中的一些实际应用的例子，以引导学生用数学的眼光从生活中捕捉数学问题，并主动地运用数学知识分析生活现象，自主地解决生活中的实际问题. 把数学教学与学生的生活体验相联系，把数学问题与生活情境相结合，从而让数学生活化，生活数学化.

二、学情分析

学生第一次涉及一个具体的函数的学习，就要把研究函数的方法步骤和知识结构让学生体会到，因此，本书课的教与学的活动，要让学生有比较清醒的方案意识．正比例函数的图象与性质，是学生学习的第一个函数，它对下面学习一次函数将产生重要影响，是学好函数的基础．

三、教学分析

（一）教学目标

1．会画正比例函数的图象．

2．能根据正比例函数的图象和表达式 $y=kx,(k\neq 0)$ 理解 $k>0$ 和 $k<0$ 时，函数的图象特征与增减性．

3．通过观察图象，归纳总结概括出正比例函数性质的活动，发展学生的数学感知、数学表征、数学概括能力，进而体会数形结合思想，发展几何直观想象．

（二）教学重点

用数形结合的思想方法，通过画图观察，概括正比例函数的图象特征及性质．

（三）教学难点

正比例函数的性质与数形结合的思想培养．

（四）本节课的教学过程由以下五个环节组成：

1．创设情景，导入新课．

2．以旧带新，观察推理．

3．巩固提高，形成技能．

在学生初步掌握了正比例函数的图象与性质后，我设计了一组由浅入深、由易到难的题组，逐题递进，落实本节课的教学重点．

4．全课总结，完善构建．

5．布置作业，发展深化．

根据教学内容，我布置了对应知识的练习．考虑到本节课实际是将教材中的两节课合并为一节课，知识容量较大，所以布置作业时应以落实基础为主，而进一步的提高训练放在下一节课．

四、教学程序

活动一：复习导入．

1．下列函数中，y 与 x 是正比例函数的是（①③⑤）．

① $y=-2x$　② $y=\dfrac{5}{2x}$　③ $y=\dfrac{\sqrt{2}}{2}x$　④ $y=3x-\dfrac{1}{3}$　⑤ $y+1=3x+1$

2. 函数的三种表示方法：列表法，图象法，解析法.

3. 用描点法画函数的图象时，把自变量的值作为点的（横）坐标，相应的函数值作为该点的（纵）坐标. 画函数图象的一般步骤：列表，描点，连线.

设计意图：这样设计可以激发学生求知的兴趣，巩固学生对正比例函数定义的理解，又为后面运用知识做好了准备.

活动二：探究正比例函数的图象及性质（由学生完成，教师只点评）

1. 画出下列正比例函数的图象，并归纳画正比例函数的步骤.（教师提示：至少取三至四个点，观察点的分布趋势）

（1）$y=2x$.

x	…	−2	−1	0	1	2	…
$y=2x$	…						…

（2）$y=\frac{1}{3}x$（注意恰当选择自变量的值）.

x	…	−9	−6	−3	0	3	6	9	…
$y=\frac{1}{3}x$	…								…

观察（1）（2），这两个函数的图象都是经过第_______和第_______象限的一条直线，从左向右_______.

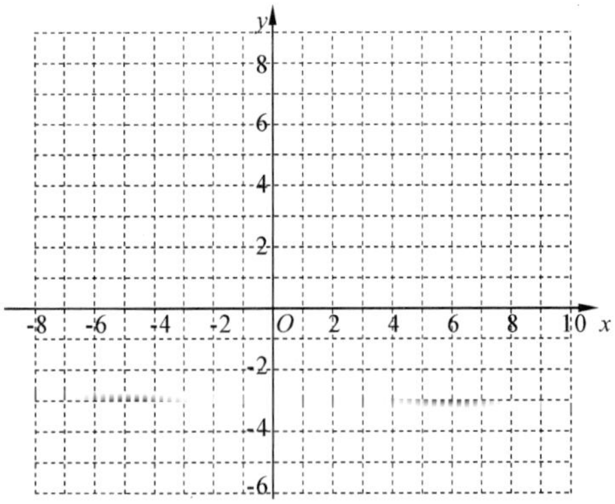

（3）$y=-1.5x$.

x	…	-6	-4	-2	0	2	4	6	…
$y=-1.5x$	…								…

（4）$y=-4x$.

x	…	-3	-2	-1	0	1	2	3	…
$y=-4x$	…								…

观察（3）（4），函数的图象都是经过第_______和第_______象限的一条直线，从左向右_______.

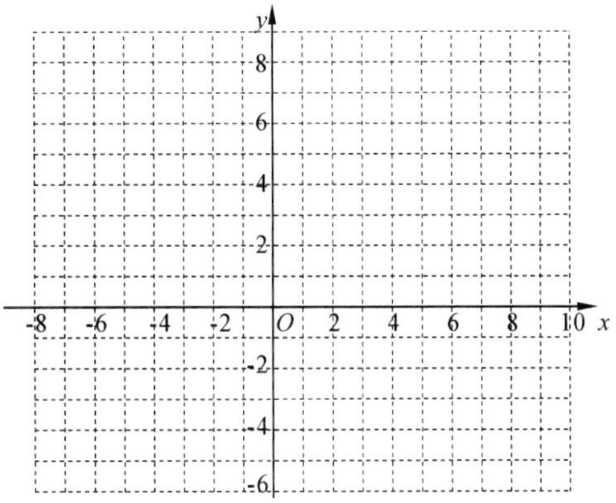

2. 观察正比例函数 $y=kx,(k\neq 0)$ 的图象，回答下列问题：

（1）$y=2x$ 和 $y=\frac{1}{3}x$ 的图象是一条__________，它们经过_________点，图象经过第__________象限，（k 的取值范围）y 随 x 的增大而_________，从左向右成__________趋势.

（2）$y=-1.5x$ 和 $y=-4x$ 的图象是一条___________，它们经过_______点，图象经过第__________象限，（k 的取值范围）y 随 x 的增大而______，从左向右成__________趋势.

（3）画正比例函数的图象可以用两点法画，通常选择点 $(0,0)$ 与点 $(1,k)$ 即可.

3. 归纳：(由教师板书,学生归纳)

$y=kx,(k\neq 0)$	$k>0$	$k<0$
图象大致形状		
图象所在象限		
相同点		
增减性		

设计意图：由学生自己动手、动脑、简单设计，从而激起学生学习函数的兴趣. 多媒体辅助演示学生的不同设计，让学生体验成功，这有助于学生对数学方法的初步感知.

活动三：应用正比例函数的图象及性质解决问题.

1. 直线 $y=\frac{3}{2}x$ 经过第<u>一、三</u>象限，y 随 x 的增大而<u>增大</u>；直线 $y=-5x$ 经过第<u>二, 四</u>象限，y 随 x 的增大而<u>减小</u>.

2. 函数 $y=5x-b$ 的图象经过原点，则 $b=\underline{0}$.

3. 直线 $y=(2k-3)x$ 经过二、四象限，则 k 的取值范围是 $\underline{k<\frac{3}{2}}$.

4. 直线 $y=mx^{|m|}$ 经过一、三象限，则 $m=\underline{1}$.

5. 直线 $y=kx,(k\neq 0)$ 经过点 $(3,-5)$，则 $k=\underline{-\frac{5}{3}}$.

6. 点 (x_1,y_1) 与点 (x_1+3,y_2) 是正比例函数 $y=-\frac{1}{3}x$ 的图象上两点，则 $y_1\underline{\geq}y_2$（填 >、=、<）.

设计意图：让学生先自己完成，再小组交流，然后请小组代表上台用展台展示自己的答案并解说自己的解题方法和解题思路. 这样有利于学生对解题方法进行归纳和总结.

活动四：课堂小结：

1. 本节课我们研究了什么，你有什么收获？（抽学生口述正比例函数的性质）

2. 应用了哪些数学思想？（研究正比例函数的图象及性质时用了数形结合思想，求正比例函数解析式时用了方程思想）

3. 你还有什么困惑？

设计意图：及时总结，让学生更加深刻理解正比例函数的性质，从而解决本节课的教学难点，同时提高学生对问题的总结能力及抽象思维能力.

活动五：当堂测评：

1. 直线 $y=kx$ 经过点 $(3,-4)$，则该直线经过<u>二、四</u>象限，y 随 x 的增大而<u>减小</u>.

2. 函数 $y=5x+b^2-9$ 的图象经过原点，则 $b=$ <u>+3, − 3</u>.

3. 直线 $y=(m+2)x^{m^2-3}$ 经过一、三象限，则 $m=$ <u>2</u>.

4. 点 (x_1,y_1) 与点 (x_2,y_2) 是正比例函数 $y=kx$ 的图象上两点，且当 $x_1<x_2$ 时，$y_1>y_2$，则 k 的取值范围是 <u>$k<0$</u>.

5. 正比例函数 $y=(3-k)x$，

（1）若 y 随 x 的增大而增大，求 k 的取值范围；（由 $3-k>0$，得出 $k<3$）

（2）若 y 随 x 的增大而减小，求 k 的取值范围.（由 $3-k<0$，得出 $k>3$）

6. 已知点 $(2,-4)$ 在正比例函数 $y=kx$ 的图象上，

（1）求 k 的值；(-2)

（2）若点 $(-1,m)$ 在函数 $y=kx$ 的图象上，试求出 m 的值；$(m=2)$

（3）若点 $A\left(\frac{1}{2},y_1\right)$，$B(-2,y_2)$，$C(1,y_3)$ 都在此函数图象上，试比较 y_1,y_2,y_3 的大小关系.（$y_3<y_1<y_2$）.

设计意图：目的是让学生学以致用，激发学生的求知欲，让学生自主完成.

请同学们合作后在展台上展示.

设计意图：培养了学生的语言表达能力.

五、反思

整个环节由浅入深，在与他人交流合作的过程中，同学们可以借助他人的想法来激发自己的灵感，体验问题解决多样化的学习策略，积累学习数学的经验. 问题一环紧扣一环，让学生逐层深入思考，既动手又动脑.

六、课后拓展延伸

1. 已知 y 与 x 成正比例，且当 $x=-2$ 时，$y=-4$，

（1）写出 y 与 x 的函数关系式；

（2）用两点法画出函数的图象；

（3）设点 $(a,-2)$ 在这个函数图象上，求 a 的值；

（4）如果 x 的取值范围是 $0 \leqslant x \leqslant 5$，求 y 的取值范围.

2. 点 (x_1, y_1) 与点 (x_2, y_2) 是正比例函数 $y=\frac{1}{3}x$ 的图像上两点，且 $x_1 < x_2$，则 y_1__ y_2（填 >、=、<）.

设计意图：考虑学生的个别差异，分层次布置作业，达到不同的人在数学上得到不同的发展.

七、启示

1. 本节课课件和学案的配套使用不但能调动学生学习新知识的兴趣，而且还极大地提高了课堂效率. 在本节课，我搜集了生活中一些实际应用的例子，以引导学生用数学的眼光从生活中捕捉数学问题，主动地运用数学知识分析生活现象，自主地解决生活中的实际问题. 把数学教学与学生的生活体验相联系，把数学问题与生活情境相结合，让数学生活化，生活数学化. 在教法上，考虑到八年级学生的年龄特征，他们的可塑性大、求知欲旺盛，但在理解能力上还有一定的局限性，处于形象为主并逐步向经验型的抽象思维过渡的阶段，而正比例函数性质的学习要有一定的逻辑思维能力，因此，本节课我采用了我校课改授课方法“导、学、练、结，自学辅导法”. 即在教师引导下使学生通过自己的观察、研究、自学和小组的探索、讨论来发现问题和解决问题，再通过教师的点拨、总结进行知识归纳、理论提升的教学方法. 由于学生自己来发现事物的特征和规律，能使学生找到兴奋点、自信心，从而激发学生学习的兴趣，产生自行学习的内在动机，这更有利于发展学生的创造性思维能力.

2. 在备课时，我创造性地使用教材，把课本中的引入“燕鸥飞行路程问题”改成学生喜爱并感兴趣的“喜羊羊和灰太狼比赛的路程问题”. 课堂引入时利用多媒体，比较精彩，但大材小用了，没有发挥它的能动作用. 在 $s=10t$ 得出之后，应充分挖掘它的作用以及此函数的特征，教师可以进一步将之解释为一个单项式用了一个字母来表示的形式的函数就是一类特殊函数——正比例函数，这样恰到好处地引出学习课题，进而达到情境引入的有效性.

3. 由于课堂的容量较大，学生思考问题的时间显得相对不足，学习困难的学生就显得很吃力. 尤其在利用“两点法”画函数图象时，学生掌握得不是很好，主要是因为不知如何列两点式的表格，此时教师如果利用投影给出一个范例，估计会好得多. 同时由于课堂的容量较大，有些地方教师点拨得不到位，不够透彻，对教材挖掘得不够深.

4. 课堂小结不仅使学生从总体上把握知识，强化知识的理解和记忆，还可以培养学生良好的个性和思维品质. 它应是一节课的深化甚至是升华，同时对教学目的的落实也起到一定的保证作用. 我设计了正比例函数知识清单这样一个表格，引导学生对知识进行类比、归纳和整理，从而得出规律，掌握有关知识，而不是孤立地让学生记忆某些知识. 同时，也为下节课学习一次函数的图象与性质建立了一个框架.

第 4 章

初中数学习题资源运用与拓展的课堂教学研究

4.1 习题课中存在的变量因素和问题归因

习题课教学与数学概念、公式、公理、定理和例题的教学以及复习课教学构成了初中数学教学的三大支柱. 高效的习题课教学在培养学生的思维品质，提高学生的分析问题能力，有利于教师了解教学效果等方面有着不可替代的作用.

习题课教学是数学思维活动的教学，解题是思维形成的最有效方法. 通过习题课教学，学生对数学基础知识有了更深的理解，而且能够建构认知，发展思维，提高学生的数学素养.

4.1.1 从再认角度分析

再认是记忆的一个基本过程，是和识记、保持两个过程相互联系、相互统一的记忆过程，也是识记和保持过程的表现和结果.

1. 知识技能识记和保持的巩固程度

因为新学和赶进度等原因，学生平时学习时练习不够，对知识的识记还不充分，更不牢固，所以容易发生再认困难或错误.

2. 知识技能再认的时间

从一开始接受知识技能，到应用的间隔时间越长，再认的效果就越差，反之就越好.

3. 知识技能应用的条件发生改变

在应用知识技能时，应用的环境发生变化：一是条件的复杂性及信息量大，二是条件的隐性化，三是新条件的陌生感. 这些都给学生再认增加了难度.

4. 知识技能之间的相似性

知识技能的相关性，特别是同一章节内的知识技能，它们在呈现形式、应用环境上具有很高的相似性，而且不同之处的细微性，因为新学与练习认知上的不足，都给再认造成了麻烦.

4.1.2 从学习迁移角度分析

任何一种学习都要受到学习者已有知识经验、技能和态度等的影响，只要有学习，就有迁移. 迁移是学习的继续和巩固，又是提高和深化学习的条件，学习与迁移不可分割.

1. 应用环境的因素制约迁移效果

应用环境与学生最初学习时的共同因素越多就越能产生正定势，学习迁移的效果就越好；相反，在应用时涉及的不同因素越多就越能影响迁移效果. 所以，练习能在同类活动中产生正迁移，恰当的练习能让学生防止干扰、辨识区别，促进积极迁移. 但同时，在非应用时出现相同和相近的因素也会产生负定势，给学生解决问题增加障碍.

2. 知识技能的概括与类化影响迁移效果

为了实现迁移，必须把新旧知识技能联系起来并包括在统一的分析综合活动中，通过习题进一步概括和类化把握一般原理，掌握本质和规律，以不变应万变，在实践中产生广泛的迁移.

3. 习题的组织结构关联着学习迁移

习题是学生学习的重要材料，其科学的基本结构有助于学习的迁移. 习题可以简化知识，给学生提供便于获得知识的途径，有利于迁移. 习题呈现的顺序要由浅入深、循序渐进，由局部到整体再到局部不断分化，辅之多样题型，这样的习题既便于教师的教，也便于学生的学，有利于学生数学思想方法的形成. 但实际教学中，这些方面都差强人意.

4. 迁移在指导练习活动中形成

现代西方教学的重点在于指导活动和采用活动型的习题教学程序促成迁移，有利于把学生的学习迁移到新情境中去. 学生适当参加与学习有关的练习活动，可以使学生在错误的尝试中得到益处. 如果对学生的活动给予必要的指导，则不仅可以减少错误，而且可以增加学习的迁移. 在教师的指导下通过学生自己发现问题、解决问题的练习效果好，也能增加迁移的效能. 可是一线的教学实际是教师解决问题、公布正确答案，学生只是做会做的题，没有更多的活动指导或是指导过多，影响了练习的效果，让迁移大打折扣.

5. 学生的心理状态与迁移

因为学生对知识技能还不熟悉，应用还不够熟练，仍有陌生感，而且还没有更多应用其解决问题的成功体验与经验总结，再认应用时自信心不足的心理障碍易造成迁移困难或失败.

4.1.3 从教师的习题教学分析

新课程理念下的数学教学将由“关注学生学习结果”转向“关注学生活动”，重塑知识的形成过程，课程设计将由“给出知识”转向“引导活动”. 数学新教材倡导学生主动探索，自主学习，合作讨论，体现数学再发现的过程. 数学教学不再是教师向学生传授知识的过程，而是鼓励学生“观察”“操作”“发现”，并通过合作交流，让学生发展自主学习的能力和个性品质，从而激发学生的学习兴趣，提高学生学习数学的能力.

1. 教材中的例题与习题设置体现示范引领作用

教材中的例题与习题设置体现了示范引领作用，主要设置了例题、思考、探究、练习、复习巩固、综合应用、拓广探索和数学活动（综合实践、数学阅读等）. 这些习题设计只是例子，教学时应以此为标准增添习题、变习题以形成学生的数学习惯与数学能力，达到课标所要求的目标. 然而教学时往往不注重习题的科学编辑和习题教学，而采用资料、试卷等题海战术.

2. 习题教学时注重解题教学，而不注重教解题教学

很多教师在习题教学时注重解题教学，而不注重教解题教学. 即在讲解题目时，超前提示多，等待思考少，或强调课堂容量大，不能给学生足够的时间去思考，以展示自己的思维火花. 大量习题的积压，习题课时的有限，使得习题课成为教师“演讲”的舞台，习题课上教师讲的时间远远超过一半.

3. **上习题课的随意性大，没有完整的教学设计方案**

教师上习题课的随意性很大，没有完整的教学设计方案. 教师上习题课时，可能有方案，但方案也仅是题的准备，但为什么选此题、如何用此题等方面的思考还不够，更少从学生能力形成方面去考虑. 绝大多数的习题课都是教师讲题，学生做题，做完再讲，讲完再做的节奏，这种单一的教学形式反复作用于学生们，蚕食着他们对数学的兴趣. 简单地说就是选题不够典型.

4. **片面追求考试成绩**

片面追求考试成绩，只侧重搜集和讲解各种类型的习题，不能让学生从题海中解脱出来，忽视了学生感受过程的作用. 还有部分老师不遵循螺旋式上升的原则，忽视基础知识与技能，过快追求难度与技巧，这些都影响了数学思想方法的形成和能力培养.

5. **不太注重教学方式的转变和创新**

教师不太注重教学方式的转变和创新，不敢摒弃“多讲多练、熟能生巧”的旧观念. 教师一人承包多，学生集体参与少，无论是教师由审题到解题的一人承包，还是教师指定某位学生的一问一答，都把本应是面向全体学生的教学变成了个别教学.

6. **教学方法“老套”**

教师教学方法“老套”，只注重对解题方法和解题技巧的归纳，直线讲解多，发散分析少，缺乏对数学思想的总结、反思与提炼. 着眼结果多，突出过程少. 有时还被自己预设的结果俘虏，少了向学生追问“怎么办”“为什么”“还有不同的吗”，即使做了，又少了比较区别的最优概括，于是课堂上就少了很多智慧的火花，只停留在这个问题怎样解而不能升华为与其他问题怎样联系与渗透上，不能做到转化化归、归纳总结、举一反三、触类旁通.

4.2 习题课教学策略研究

习题课是数学教学的一个重要方面. 在初中数学教学中，教师应依据初中学生的认知特点和在教学过程中发现的问题精心准备好习题课的教学，这有助于强化学生对理论知识的学习.

4.2.1 有效的数学习题教学的评价标准

传统数学教学中，教师关注的是如何将数学知识准确无误地传授给学生，主要考虑如何“讲”；而在课程标准理念下，数学习题教学应当更多地考虑“学”的问题，注重在教学过程中如何引导学生真正由被动接受式的学习，转变为自主、合作与探究等学习方式上来. 基于有效的数学习题教学原则，有效的数学习题教学评价有五条标准.

1. 注重暴露教师在解题过程中的数学思维活动，这是有效习题教学的前提

在数学习题教学中，教师必须充分暴露思维过程，把自己如何思维的过程展现给学生. 不要总是告诉学生解题过程，要特别注意暴露解题失败，又怎样从失败中吸取教训，并在失败过程中转换思维方向，从而让学生探索出新的解题方法的过程，以使学生感受到具体的习题解决过程.

2. 激发学生的好奇心与创造力，这是有效习题教学的依据

在习题教学中，教师要尽量通过习题的选择和安排来激发学生的学习兴趣，以提高学生的智力参与程度，唤起他们的好胜心与创造力. “一个恰当而富有吸引力的问题往往能拨动全班同学的思维之弦，奏出一曲耐人寻味，甚至波澜起伏的大合唱.” 因此，在习题教学中要让学生保持好奇心，使他们自觉地进行解题反思. 反思是重要的数学活动，不少习题都有一定的“潜在功能”，做完一道题后，养成反思的习惯，不仅能有效地促进学生对知识和技能的理解，而且对其思维训练、促进知识向能力转化具有特殊功效.

3. 让学生主动独立地进行活动，这是有效习题教学的关键

课程标准的学习理念挑战了长期以来学生在数学学习活动中形成的“接受、记忆、模仿与练习”的被动学习方式. 让学生独立地进行解题活动，并不是取消教师对学生解题活动的指导，放任自流，而是给学生充分的自由，让学生自发地主动地对习题进行探究，找到并发现自己探究的结果；教师通过反馈介入学生的活动，准确地把握学生探究的“流向”，适当“规范”学生的自主探索、动手实验、合作交流，让其发挥主动性，使学生的学习过程成为在教师指导下的“再创造”过程；学生通过反馈自我评价学习情况，使学习活动经常处于最佳状态，有利于学生对学习兴趣、爱好、情感等的良好发展.

4. 习题的选择应在学生能力的“最近发展区”内，这是有效习题教学的重点

教师应细致地钻研教学习题，研究学生的思维发展阶段和知识经验能力水平等因素，使习题的选择符合难度与量力性的一致性，既不能用降低难度满足量力性，也不能不顾量力性一味追求高难度. 习题的安排要有教学艺术性，安排习题既要符合教学需要，掌握时机与分寸，又要考虑学生特点，由浅入深，由易到难；由同类型到灵活性稍大的一组题，能帮助学生从数学活动的反思中，提出新的问题、命题或猜想.

5. 有助于学生提高解决问题的元认知水平，这是有效习题教学的最高境界

数学习题解决中的元认知是指学生对自己解题活动过程的认识和调控. 学生对解题策略的选择，进而对数学知识和方法的选择，以及解题全过程的组织、解题各重要阶段的开展等应及时进行自我评估、自我控制和自我调节，以便正确、迅速地获得解题途径. 因此，在数学习题教学中，要让学生学会自觉克服在解题过程中出现的认知障碍，以免陷入盲目乱做与走进死胡同而不知返的情形，学会根据对探索情况的评估，及时调整解题策略或过程等.

4.2.2 数学习题课教学的目的

1. 帮助学生形成系统的知识结构

在实际解题时，更为重要的还在于知识的合理组织，使解题者能够根据题目的特征，在自己的记忆库中适时提取所需的知识. 数学知识的合理组织，实质上就是按照解题的需要，改造和组建适合个体特征的数学认知结构.

因此，在平时的教学中，要注意不断地改善学生的数学认知结构，要注意知识发生过程的教学，对数学中的概念、公式、定理、法则和原理等要帮助学生弄清它的来龙去脉，熟悉它的思维模式，抓住它的纵横联系. 解题教学实践中应有目的地帮助学生整理知识网络，编织可以随时提取的有机的知识组块.

2. 促进数学思想和方法的形成

解题过程就思维活动而言是一个思维定向、展开和控制的过程. 这里既有分析、综合、比较、分类、抽象和概括等逻辑思维活动，还有归纳、类比、联想、想象、直觉和猜想等创造性思维活动. 面对变化万千的心智活动，要想找到一个可以机械地用来解决一切问题的“万能公式”显然是不可能的. 只有通过对解题过程的深入研究，总结若干有助于克服困难、发现解题思路的方法，才能开启和指导解题活动.

3. 让学生掌握解题策略

“结构的理解能使学生从中提高他们直觉地处理问题的效果”. 教学中要强调数学术语和概念的精确性，注意辨析近似概念的异同，让学生能够用自己的语言重新阐明各种观念，对于不正确的概念和命题等要善于构造反例，予以辩驳，以培养学生对问题进行批判、怀疑的精神.

教学时应采取让学生主动地接受学习的方式，再辅以有指导的发现学习，设置最近发展区，让学生在头脑中形成一种有利于再创造的问题情境，并在解题策略的探索过程中实行“延迟判断”，从而避免由教师直接做出决策评价. 即应该启发学生自己思考，尽量由学生自己说出过程，以提高学生的思维自控能力.

引导学生从整体把握问题，鼓励学生大胆猜想，努力思维，改变只看演绎过程的严密性而忽视直觉猜想的价值，以及只看运算结果的正确性而不问思维过程简捷性的评分方法.

考虑解题策略的适当分类，选取典型的可以被学生接受的例题，进行集中的分类解题策略训练.

4.2.3　初中数学习题课教学策略

习题教学是初中数学教学过程中非常重要的一个环节，它能使学生理解、应用和巩固所学的数学知识，同时也能渗透数学思想、解题方法和思维能力的训练．然而，通过调查研究，我们深深认识到初中数学习题课效率低下．那么如何提高初中数学习题课课堂效率是目前所有教育工作者密切关注的问题．我们小组根据自身的教学经验、专家指点并借鉴其他教师的经验，结合一些实例，探索出了几条提高初中数学习题课课堂效率的教学策略．

1. **培养效率意识，更新教学理念**

数学习题课的课堂效率既反映了教师的教学效率，又反映了学生学习的效率．因此，教师首先要有效率意识，其次要帮助学生树立效率意识，这样才有利于学生在课堂上发挥求知的主动性，并且能够配合教师共同创造良好的课堂教学情境，保证良好的课堂教学效率．

2. **引用经典，变式多解**

一题多解，多解归一．一题多解可以启发学生思维，开阔学生思路，提高学生分析问题的能力和解题的灵活性；多解归一有利于提炼问题的通性通法，从中择优．但是需要说明的是，如果只是追求多解的数量，对每个解不做深入的探讨，这样的一题多解，从收效和所花费的时间来看，是不太值得的．

3. **精选方法，注重引导**

《学记》中说“善教者师逸而功倍”．教师要想使数学习题课取得好的效果，必须采取学生喜欢的教学方式，坚持“学生是主体，教师是主导”的原则，少讲多练，方式灵活多样，注重启发引导，充分调动学生的主观能动性．要打破单一的教学方式，根据内容、学情，采用不同的教学方式．

4.3　习题资源运用，拓展策略研究

在习题教学中，教师要善于设置不同层次的疑点，引导学生生疑，激

发学生思维，培养学生的想象力和创造性思维．要根据教学目的，结合数学教学内容的特点和结构、数学教学规律及学生学习的实际情况、知识经验水平等，精心选择与安排数学习题．

4.3.1 习题资源运用、拓展遵循的原则

波利亚在《怎样解题》一书中指出：一个专心的、认真备课的教师能够拿出一个有意义的但不复杂的题目，去帮助学生发掘问题的各个方面，使得通过这道题，就好像通过了一道门户，把学生引入一个完整的理论领域．习题是习题课的核心，一堂习题课效率的高低在很大程度上取决习题的选择．

1. 主体性原则

选题要有活动规划，所选题目怎样完成要有预设，突出学生主体性．哪些题目限时独立完成，哪些题目限时合作探究；哪些题目小组内校正，哪些题目用来沟通交流；哪些题目作为例题讲解，哪些题目作为练习或测试；哪些题目要学生板演（或投影展示），哪些题目要教师板演；哪些题目完成后要形成规律或反思……

2. 循序渐进原则

应遵循学生的认识规律和智力发展规律，习题的设置要由浅入深、由简到繁、由易到难、由具体到抽象，要按训练性习题—探索性习题—问题性习题的次序循序渐进．

3. 系统性原则

应按照教学内容的科学性、系统性和连贯性来安排习题，并在一个系统内打散混合设计．教师在讲授某个重要的知识点或知识块后，应设置配套习题，以帮助学生及时巩固和强化．

4. 典型性原则

在选择和安排习题时，应选取那些在掌握基础知识、领会思想方法和有利于发展能力等方面有代表性、示范性的典型习题．利用典型题进行变

式，尤其是教材上的典型习题，所选题目精而少. 教师要结合教材重难点、考试热点，跳入题海，筛选出典型例题，并“善变”习题，灵活地改变题目中的条件或结论，把一个题目改写成一组题目，以培养学生的发散思维、创新能力，让学生总结解题规律，达到会一题通一类的目的.

5. 归纳反思原则

所选题目要保证在习题教学中，有利于学生举一反三与知识的正迁移，并逐步由典型解题技巧形成解题规律、解题思想，进而提高解题能力.

6.“就近发展区”原则

针对学生的知识水平和思维能力，选取那些既有一定难度，又是学生力所能及的，富有启发性的习题，让学生在解题中锻炼思维，经过努力获得成功的喜悦，从而激发学生的学习兴趣及学习的积极性.

7. 题型多元化原则

在保证习题科学性的前提下，针对基础知识、基本技能的主次、轻重、难易程度，结合学生的实际水平，使习题的题型选配全面，重点突出，难易得当，题量适中.

8. 正反原则

按知识的直接应用与逆用来设计习题，让学生的思维能在正向思维与逆向思维之间灵活切换. 同时，鼓励与批评、独立与合作、学习与测试要共存，以使学生的学习更有效，增强其自信心.

9. 就近取材原则

就近取材原则是指习题的选择应以课本中的题目为基本素材，选择具有代表性的题目作讲解和练习. 因为这些习题贴近教材和大纲，贴近学生实际，能防止学生舍近求远搞题海战术，而且很多题目学生已做过，所以具有很强的针对性，所选题目也适合学生的水平. 能查漏补缺. 苏联著名教育家达尼洛夫在教学过程的动力理论学中指出：只有学生学习的可能性与对他们的要求是一致的，才可能推动教学过程的展开，从而加快学习成绩的提高. 同一个班级的学生在智力水平、知识基础、能力等方面存在着差异，在习题课上，习题的选择要根据学生的实际情况分层设置，既要为学优生创设机会，发展其个性，又要为学习困难的学生提供参与的机会，帮助他们获得成功的喜悦. 如此一来，学习困难的学生可以摆脱“陪坐”的困境，学优生也能够“吃饱”. 题目安排需以较少的量来满足学生掌握基础知识和基本方法的需求，同时选题要避免烦琐的运算量，以使学生在有限的课堂学习中掌握知识、提升能力.

10. **生活化原则**

习题的选择应体现数学知识在社会、生活中的广泛应用，让学生在数学建模中成长，突出反映数学“源于生活，服务于生活”.

4.3.2 习题资源运用、拓展策略

在习题教学活动中，要根据教学目的，瞄准基础知识、基本技能的培养，有针对性地选择习题，要重视针对数学概念、原理、思想和方法的习题进行配置，谨防陷入“茫茫题海”中.

1. **理解新知识，要选择模仿性习题**

在数学教学中，在学习新的概念、公式、定理和法则之后，先选择一些与教材例题类型相似或相近的模仿性习题做练习. 这类习题的特点是反映的知识比较直观，与公式和法则比较相近，学生易掌握和理解. 其功能是通过对模仿性习题的训练，加深对“双基”的理解和把握，这是刚讲完新知识时不可缺少的基础和重要环节. 模仿性习题能锻炼学生的具体思维，反映事物具体模型的联系与相互作用，但理解和认识仅停留在表象水平上，是思维的基础.

2. **揭示新知识的本质，要选择规律性习题**

通过模仿性习题使学生掌握了基本知识后，教师应该指导学生做一些具有规律性的习题，使学生在做一些同类习题的基础上总结出其内在的规律 性，以揭示知识之间的关系和本质，这是对模仿性习题的总结和概括. 规律性习题能培养学生思维的深刻性，反映数学的概括归纳等能力，是系统的思维活动. 通过训练，能使学生很快抓住事物的本质和规律，是一种抽象思维.

3. 突破教材重难点，要选择针对性习题

针对学生在学习中易出错、把握不准的知识，或是针对教材中的重难点来配置习题，这类习题具有很强的代表性及典型性，能清晰地体现和反映知识的内涵. 针对性习题的配备，对于学生准确地理解知识，特别是更好地理解难点和关键有很重要的作用. 针对性习题能提高学生思维的严密性与科学性，能够解决数学教学中的某一局部问题，具有很强的特殊性和针对性.

4. 拓展学生多向思维，要选择多解性习题

很多数学习题都有多种解法，在教学中，教师应根据教材特点和学生的实际选择一些多解性习题，这对于培养学生的多向思维，拓展学生的多种解题思路，巩固学生对知识的理解有重要的意义. 多解性习题是一种求异思维，在数学活动中，一方面是由一个问题，同时想出尽可能多的解决方法，选择最佳者；另一方面是给定一个条件，能清晰地联想起可能推导出的各种结论，使之能最佳地运用知识系统地解决问题，充分体现思维的灵活性，在数学的探索和创造中起着重要的作用.

5. 强化学生解题灵活性，要选择技巧性习题

技巧性习题是针对解题方法技巧而言的. 解题技巧来源于对基础知识的准确把握、良好的思维品质和丰富的解题经验等. 教师在指导学生用常规方法解题的同时，应经常加强学生技巧性解题的训练，这对培养学生的解题能力有很大帮助. 技巧性习题能培养学生“走捷径”的简缩思维，培养学生充分利用新知识的一种跳跃性思维，它有很高的技巧性，是一种较高级思维.

6. 培养学生综合分析问题和解决问题的能力，要选择综合型习题

数学学科各分支的知识是互相渗透、互相联系的，教师通过对学生进行综合型习题的训练，可强化学生对各分支知识之间的衔接和对知识系统性的把握，提高学生用所学的数学知识综合分析问题和解决问题的能力. 综合型习题能培养学生思维的独创性和全面性，培养学生分析问题和解决问题的能力以及创造能力，它是数学学习的重要目的，是一种高级思维，

是数学思想的升华.

7. 发展学生的创新思维，要选择或设计相应的开放题

当某一个问题得到解决后，教师应因势利导地将问题进行横向拓宽与纵向深入，循序渐进地设计系列开放题，以引导学生探索新的解题思路与方法，从而有利于发展学生的创新思维. 这将放在下面的开放题教学中来讨论.

8. 培养学生应用问题的能力，应选择应用题

数学来自实践，又服务于实践，因此，教师应重视应用题的教学.由于应用题没有固定的背景与模式，学生难以模拟分类，因此，如何由实际问题抽象为一个数学问题，就需要教师引导学生主动建模，让学生积极参与思维的过程，并对题中的信息进行分拣、组合和加工，创造性地解决问题.

各类习题在教学中是密不可分的，其作用是不能够互相代替的. 模仿性习题、规律性习题和针对性习题侧重于巩固学生的基础知识；多解性习题、技巧性习题和综合型习题侧重培养学生的数学能力. 因此，教师应在习题教学中合理地选择和使用习题，充分实现数学习题强大的育人功能.

4.4 “二次函数图象与系数关系习题课”课例研究

一、主题

“二次函数的图象与系数 a,b,c 的关系”是新人教版九年级上册第 22 章第二节第三课时的内容，本节课主要研究系数对图象的影响以及对对称轴及函数对称性的理解. 其中，教学的重难点是利用对称轴研究函数的对称性和交点的位置对图象的影响，并能根据系数画出简单的图象，分清函数和方程的具体关系，等等.

二、背景

本节内容是二次函数的一般式的延续，同时也是研究函数和方程、不等式关系的主要内容. 学生对函数的理解处于浅层次，需要加强和方程、不等式关系的认识才能对函数有进一步的理解，同时也能培养学生的作图能力，渗透数形结合思想.

三、情景与过程

（一）复习

二次函数的一般式：$y=ax^2+bx+c$, $(a\neq 0)$.

（二）填表

系数的符号		图象特征
a 的符号	$a>0$	抛物线开口向______
	$a<0$	抛物线开口向______
b 的符号	$-\frac{b}{2a}>0$	抛物线对称轴在 y 轴的______侧
	$b=0$	抛物线对称轴是______轴
	$-\frac{b}{2a}<0$	抛物线对称轴在 y 轴的______侧
c 的符号	$c>0$	抛物线与 y 轴交于______
	$c=0$	抛物线与 y 轴交于______
	$c<0$	抛物线与 y 轴交于______
b^2-4ac 的符号	$b^2-4ac>0$	抛物线与 x 轴有______个交点
	$b^2-4ac=0$	抛物线与 x 轴有______个交点
	$b^2-4ac<0$	抛物线与 x 轴有______个交点

（三）例析

已知二次函数 $y=ax^2+bx+c\ (a\neq 0)$ 的图象如图所示，有下列 5 个结论：① $abc>0$；② $b<a+c$；③ $4a+2b+c>0$；④ $2c<3b$；⑤ $a+b>m(am+b)$，($m\neq 1$的实数)，其中正确的结论有（　　）.

A. 2 个　　B. 3 个　　C. 4 个　　D. 5 个

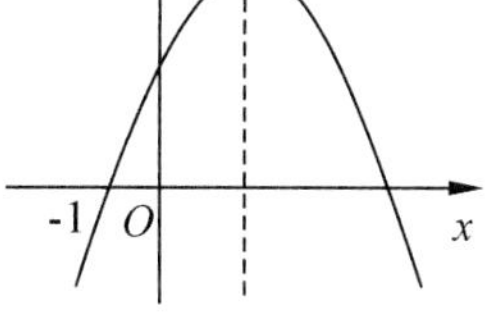

解析：(1) 由开口向下可知 $a<0$．结合对称轴 $x=-\frac{b}{2a}=1$，可知，$b>0$．

再由函数图象与 y 轴交于正半轴可知 $c>0$，所以，① $abc>0$ 是错误的；

（2）当 $x=-1$ 时，$y<0$，即 $a-b+c<0$，所以，② $b<a+c$ 是错误的；

（3）根据对称性可知，当 $x=2$ 时，$y>0$，即 $4a+2b+c>0$，所以③ $4a+2b+c>0$ 是正确的；

（4）又 $a-b+c<0$ 和 $a=-\frac{b}{2}$，所以 $-\frac{b}{2}-b+c<0$，可得 $2c<3b$，所以④ $2c<3b$ 是正确的；

（5）当 $x=1$ 时，$y=a+b+c$ 有最大值，当 $x=m$ 不等于 1 时，$y=m^2a+mb+c$；所以，$a+b+c>m^2a+mb+c$，可得⑤ $a+b>m(am+b)$ 也是正确的. 因此，选择 B.

设计意图：通过该试题的分析和讲解，让学生学会从图象里面挖掘出相关的一些信息，并能对代入法、换元法融会贯通，也使学生对方程和不等式关系的认识得到进一步加深和理解，将知识重新组装，并应用.

（四）巩固练习，加深理解

1. 如图，若 $a<0, b>0, c<0$，则抛物线 $y=ax^2+bx+c$ 的大致图象为（　　）.

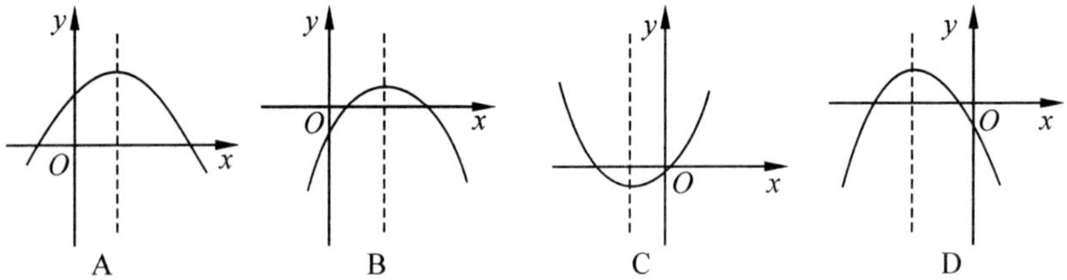

2. 二次函数 $y=ax^2+bx+c$ 的图象如 2 题图所示，则下列关于 a,b,c 关系的判断正确的是（　　）.

A. $ab<0$　　B. $bc<0$　　C. $a+b+c>0$　　D. $a-b+c<0$

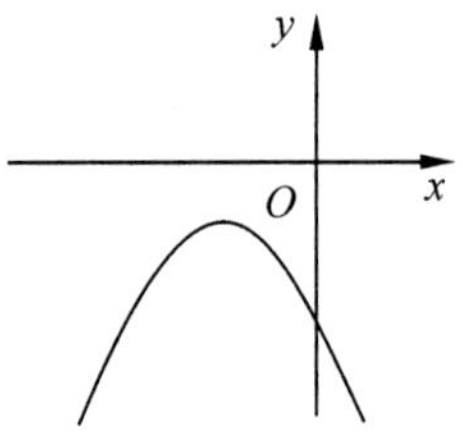

2 题图

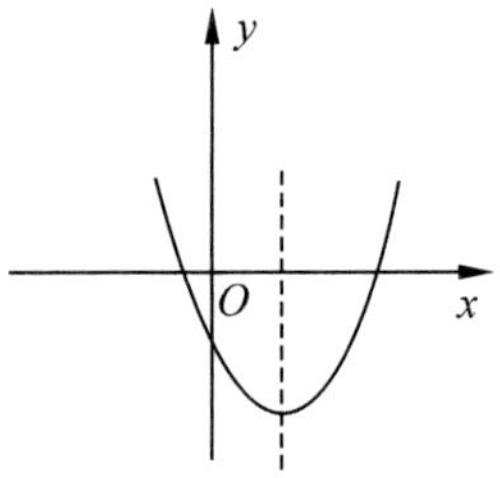

3 题图

3. 二次函数 $y=ax^2+bx+c$ 的图象如 3 题图所示，则反比例函数的图象 $y=\dfrac{ab}{x}$ 的两个分支分别在第______象限.

4. 已知二次函数 $y=ax^2+bx+c\ (a\neq 0)$ 的图象如 4 题图所示，有下列 4 个结论：① $abc>0$；② $b<a+c$；③ $4a+2b+c>0$；④ $b^2-4ac>0$；其中正确的结论有（　　）.

A. 1 个　　B. 2 个　　C. 3 个　　D.4 个

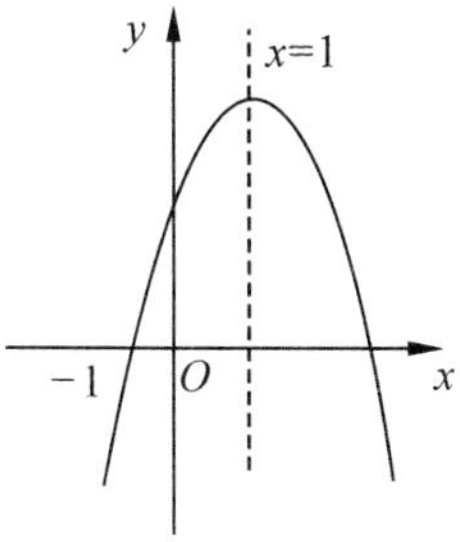

4 题图

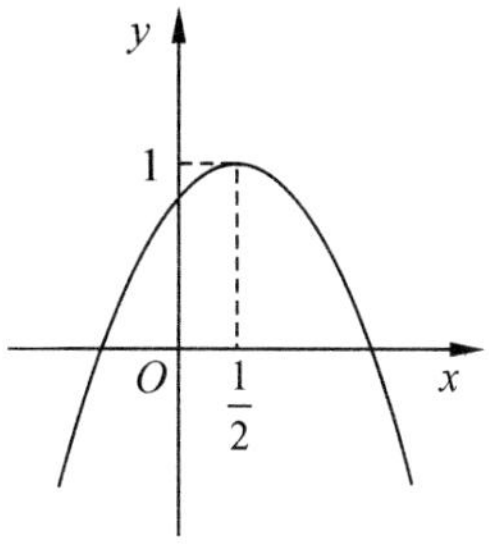

5 题图

5. 如 5 题图所示，二次函数 $y=ax^2+bx+c$ 的图象与 y 轴正半轴相交，其顶点坐标为 $\left(\dfrac{1}{2},1\right)$，有下列 4 个结论：① $ac<0$；② $a+b=0$；③ $4ac-b^2=4a$；④ $a+b+c<0$. 其中正确的结论有（　　）.

A. 1 个　　B. 2 个　　C. 3 个　　D. 4 个

6. 6 题图为二次函数 $y=ax^2+bx+c$ 的图象，在下列说法中：① $ac<0$；②方程 $ax^2+bx+c=0$ 的根是 $x_1=-1, x_2=3$；③ $a+b+c>0$；④当 $x>1$ 时，y 随 x 的增大而增大. 正确的说法有__________.

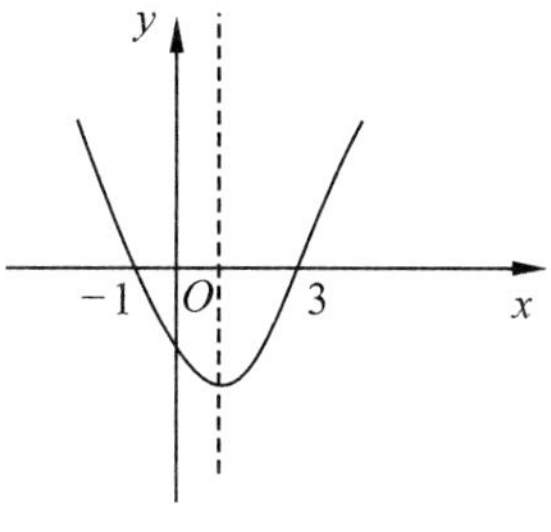

6 题图

设计意图：通过练习，学生能进一步巩固对知识的前后理解，并能在今后的应用中进行灵活的变式训练，同时进一步加深对数形结合思想的理解和应用.

（五）小结

本节课主要讲了以下几个问题：

1. 掌握图象与系数的关系；

2. 能根据系数画出相应的大致图象；

3. 能从给出的图象中得到一些相关信息，并应用一些变式进行精加工.

（六）作业布置

题卷.

四、结论与启示

1. 本节课让学生经历知识的回顾、归纳、运用，并构建知识网络的过程. 让学生理解二次函数图象与系数关系的意义，体会系数 a, b, c 对二次函数图象的影响，体会数形之间的相互转化，并能在具体的问题中用来解决问题. 同时，通过这节习题课的演练，渗透了多种数学思想方法，起到了把旧的知识、遗忘的知识重新建立起来，把没有掌握的知识补上来，并对容易混淆的知识进行有效区分的作用，以使新的知识体系得到确立和巩固，从而让学生在全面了解的基础上开始学习，更加深化新学的知识内容，达到经过多次反复，逐步提高认识层次的目的. 特别是让学生议、说、画、写活动，把课堂还给了学生，改变了以前"老师讲，学生听然后练习"的单一的习题课模式.

2. 由于九年级学生在数学方面呈现出分化较为严重的现象，为了能让好学生"既吃饱又吃好"、后进生"吃得饱"，对于练习题的设计可以考虑不用一刀切，分层要求学生完成练习. 即让后进生完成较简单的基础题，优等生补充一些有难度的中考综合题，达到真正体现分层优化的目的.

3. 在个别较难的练习题上面，巡视的时间略显不足，对学生出现的问题没有很好地搜集到，同时在学生出现知识遗忘时没有主动帮助学生，耽误了一些时间，在讲完知识点后没有花足够的时间让学生去理解和区分，以至于在后面的练习题中学生还要对照知识点进行选择，浪费了学生的时间.

4. 在多媒体的使用上没有充分发挥运动的优势，只有极个别的试题通过运动能迅速地让学生理解和掌握，因此，在现代教育技术的使用上还需要进一步加强.

4.5 “平行线的性质和判定综合运用习题教学实践”案例探究

一、主题

平面内两条直线的位置关系是初中数学阶段涉及的第一个几何逻辑推理的数学问题. 本节课“平行线的性质和判定综合运用”习题课教学，是在学完平行线的性质和判定后所设计的一堂针对性习题课教学. 其目的在于帮助学生进一步熟练掌握相关知识体系，并完善学生对性质和判定的系统性认识. 本节课也是“空间与图形”领域的基础知识，是“空间与图形”教学中的起点和重点内容. 本节课所用到的知识在以后学习中经常使用. 在本节课教学中，我从学生思维的起点出发，突出教师为主导、学生为主体的教学原则，在组织教学时，实行合作交流、点对点的辅导，采用兵教兵的策略，让大家拥有更多的学习兴趣，并使掌握知识和解题能力成为属于学生的技能.

二、背景

学生在小学时段已经简单地接触过平行线，并在前几课时学习了平行线的判定和性质的相关知识和简单技能. 又因为初一学生的抽象能力处于初级阶段，且逻辑推理及书写证明能力均处于初涉时期，所以在这些因素基础上本节课采用专题式及归纳总结方式来促进学生掌握该方面的知识和技能，同时逐步培养学生的逻辑推理能力和证明格式书写能力.

三、情景与过程

（一）创设情景，调动激情

师：同学们，前几节课咱们学习了平行线的性质和判定的相关知识，现在请大家先完成咱们导学案“活动 1：温故知新”中的相关问题. 一会儿呢，咱们再进行一个知识抢答比赛，获得第一名的小组将获得教师精心准备的神秘小礼品哦！

设计意图：孔子曰：“温故而知新.”所以一开始我先创建问题填写下表，用于复习平行线的判定定理和性质定理，以便为本节课奠定基础.

活动一：温故知新.

1. 平行线的判定与性质：

判定定理		性质定理	
条件	结论	条件	结论
同位角____	两直线平行	____________	同位角相等
内错角____	两直线平行	两直线平行	内错角____
同旁内角____	____________	两直线____	同旁内角____

2. 如果两条直线都与第三条直线____________，那么这两条直线也平行.

3. 同一平面内，垂直于____________________的两条直线平行.

4. 如图所示，直线 AB, CD 与直线 EF 相交于点 M, N.

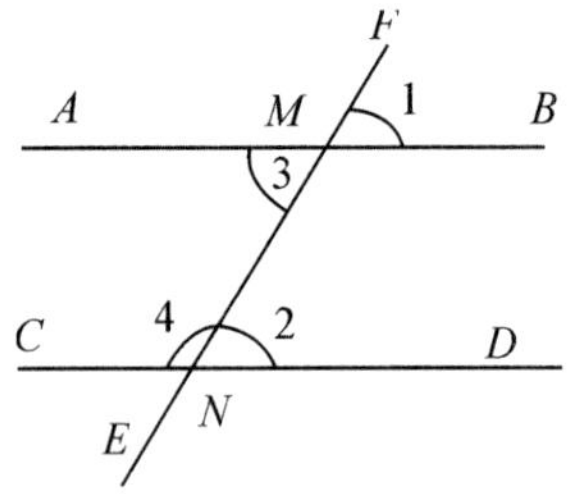

（1）因为 $\angle 1=\angle 2$，所以___________.

（2）因为 $\angle 3=\angle 2$，所以___________.

（3）因为 $\angle 3+\angle 4=180°$，所以___________.

（4）因为 $AB /\!/ CD$，所以________________________.

学生自主完成后小组讨论. 学生们快速地将上面的知识完成，并踊跃举手回答问题.

（二）合作探究，切入主题

师：刚才各小组表现得都很优秀，各小组也都展现出了团队精神，下面再看看咱们的合作探究，请大家自主完成.

活动二：合作探究.

如图所示，已知 $AB /\!/ CD$，直线 EF 交 AB 于点 G，交 CD 于点 H，$\angle MGB=\angle NHD$. 求证：$GM /\!/ HN$.

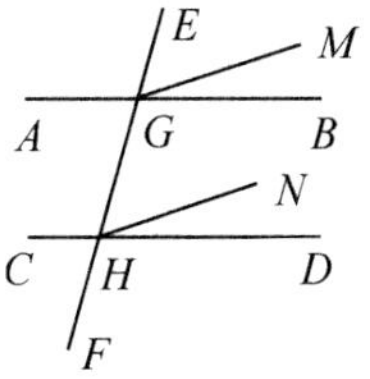

设计意图：本题是学生对平行线的判定和性质的一个简单综合运用能力的测试，而且也是对学生的解题思路掌握情况及证明格式书写能力的检测.

师：完成的请举手.（此时教师深入学生中间察看情况，了解学生完成的进度和质量.）

师：谁愿意来和大家分享一下你的解题思路，上讲台给咱们展示讲解你怎么做的？

学生甲：咱们首先来分析，看……

师：这位同学讲得很好，咱们掌声鼓励. 还有其他不同的方法吗？

学生乙：有，咱们可以……

师：非常不错，看来咱们班的孩子对这部分知识掌握得很好，掌声送给自己. 那咱们请同学来说说解题过程，你说老师板书.

学生丙：我来，因为……

师：很好，接下来咱们看第三部分：拓展延伸. 先请大家自主完成例 2，寻求解题思路和方法.

（三）拓展延伸

例 2：如图所示，若直线 $MN\perp AB$ 于点 D，$\angle ABC=130^\circ$，$\angle FCB=40^\circ$，试判断直线 MN 与 EF 的位置关系，并说明理由.

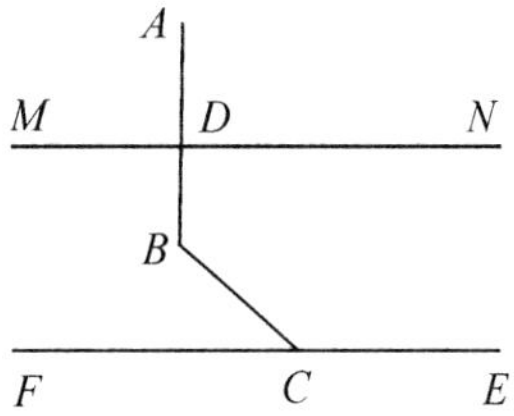

变式练习：

如图所示，已知 $AB // CD$，$\angle 1 = 20°$，$\angle 2 = 40°$，则 $\angle 3$ 等于（　　）.

A. 100°　　B. 60°　　C.30°　　D.20°

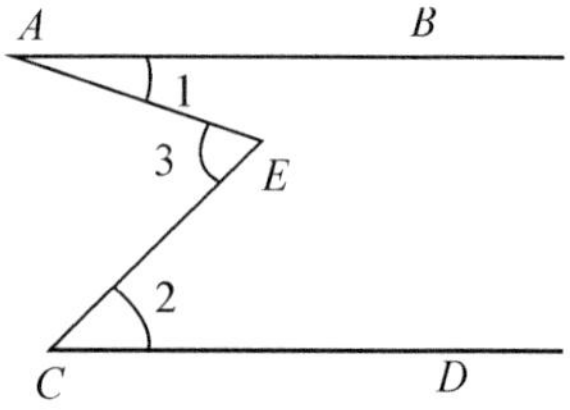

设计意图：让学生明确探索一个新的知识要从学过的知识入手，以找寻它们之间的联系，探究规律，得出结论. 这里的关键是如何巧妙地作出辅助线，利用平行线的判定和性质求解. 例题设计的意图是，让学生通过作不同的辅助线来解决，从而让学生学会一题多解，并总结归纳出：

（1）判定：利用角相等或角互补等推出直线平行.

（2）性质：利用平行得到角相等或互补.

（3）巧作辅助线构造三线八角“⊁”证平行.

师：找到解题思路的同学请举手.

生 1：老师，咱们可以过 B 点作 $BG//MN$，然后……

师：很好，还有其他方法吗？

生 2：延长 CB 交 MN 于点 H……

生 3：延长 AB 交 EF 于点 D……

师：各组同学表现得都很好，观察得也都很仔细，现在老师有如下问题：通过作这些辅助线也能解决问题，那么为什么我们还要这样作辅助线呢？请大家组内相互交流并完成活动：归纳辨析.

（四）归纳辨析

（1）我们在使用平行线判定定理与性质定理时，一定要分清条件与结论. 使用判定定理时，条件是______________，结论是______________. 使用性质定理时，条件是______________，结论是______________.

（2）当我们遇见“拐角”问题时，通常过______作_________.

（3）巧作辅助线构造三线八角“⊁”证平行.

设计意图：通过提出的问题，让学生自主思考，然后组内相互谈谈自己的感悟，再拓展到方法的总结和归纳，并掌握什么条件下思考用判定，什么条件下用性质. 同时，让学生理解自己在解题时需要找的条件是什么，让学生学会构造思想. 教师引领学生一起完成总结获得技能.

（五）课堂测评

一、选择题（每小题 15 分，共 45 分）

1. 如图 1 所示，直线 $a\perp c$，$b\perp c$，若 $\angle 1=70°$，则 $\angle 2=$（　　）.

A. 70°　　B. 80°　　C. 90°　　D. 110°

2. 如图 2 所示，若 $\angle 1=\angle 2=\angle 3=55°$，则 $\angle 4$ 的度数是（　　）.

A. 110°　　B. 115°　　C. 120°　　D. 125°

3. 如图 3 所示，$BC\perp AE$ 于点 C，$CD/\!/AB$，$\angle B=55°$，则 $\angle 1$ 等于（　　）.

A. 55°　　B. 45°　　C. 35°　　D. 25°

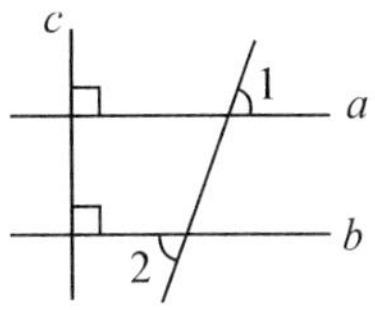

图 1

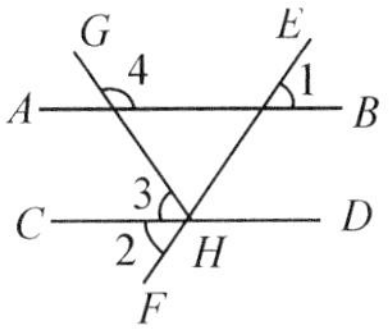

图 2

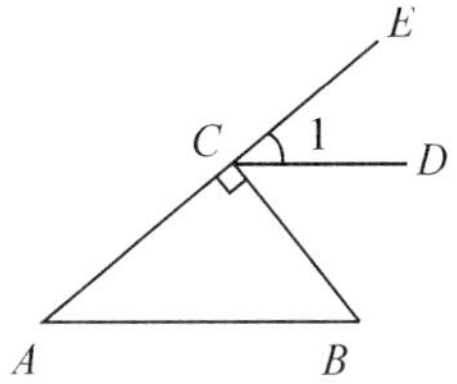

图 3

二、填空题（每小题 15 分，共 30 分）

1. 如图 4 所示，直线 $AB/\!/CD$，BC 平分 $\angle ABD$，若 $\angle 1=54°$，则 $\angle 2=$ ________.

2. 如图 5 所示，把一块三角板的 60°角的顶点放在直尺的一边上，若 $\angle 1=2\angle 2$，则 $\angle 1=$ ________.

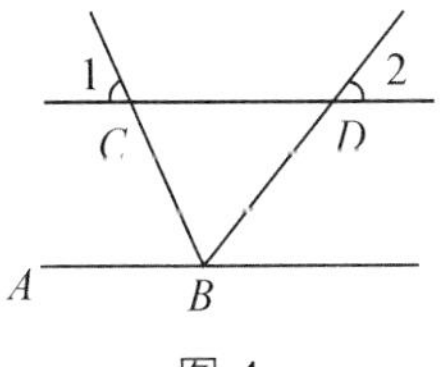

图 4

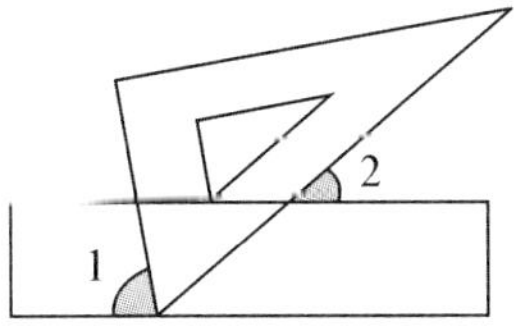

图 5

三、解答题（1 题 10 分，2 题 15 分）

1. 如图 6 所示，已知 $AB/\!/DE$，$\angle ABC=70°$，$\angle CDE=140°$，求 $\angle BCD$ 的度数.

2. 已知，如图 7 所示，B, D, A 在一直线上，且 $\angle D=\angle E$，$\angle ABE=$

$\angle D+\angle E$，BC 是 $\angle ABE$ 的平分线，求证：$DE//BC$.

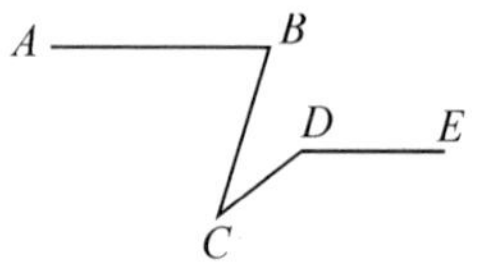

图 6

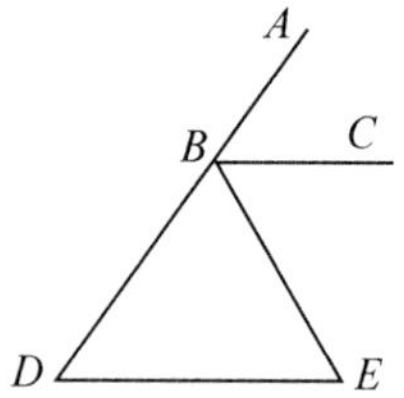

图 7

设计意图：这一检测是让学生在课堂上完成的. 教师批改学生作业时可以了解学生对知识的掌握情况以及需要解决的问题. 小组交流时，组员提出质疑，之后，再在小组内合作交流求解. 对于个别问题，组长或组员之间相互解决，以便学生掌握相应知识.

四、结论

本节课从复习引入，通过教师引领学生自主学习、小组合作、交流心得到课堂测评，让学生体验如何综合运用平行线的性质和判定来解决相关问题，并同时学会如何巧妙地构造平行线来求解实际问题. 通过这一学习探究过程，让他们体会到团队的力量，并要敢于攀登和善于创新. 同时，做人做事都要学会总结. 运用已有的基础知识，解决遇到的实际问题，遇到困难时要学会寻求帮助，依靠团队的力量，发挥大雁精神抱团发展. 明确一个人可以走得很快，但一群人才能走得更远的团队意识.

五、启示

通过本节课的教学，主要有以下六点启示：

1.“合作探究式”教学需要有一个合作基础，各小组之间的学生实力需要均配. 实力差距过大会影响学生的参与激情，同时不利于“兵教兵”“点对点”的互帮互助.

2. 改变传统古老的教学模式，让学生大胆地说出来，帮助学生厘清解题思路并纠正学生的书写格式. 教会学生如何运用已知问题和已经学过的知识去解决遇到的实际问题，并通过总结归纳真正意义上掌握获得学习和解决实际问题的能力.

3. 充分调动学生学习的积极性和兴趣. 兴趣是最好的老师，课堂上要学会充分调动学生的学习兴趣，让学生积极参与. 学生只有动起来了，才能更好地掌握所要学的知识.

4. 要知天气，接地气. 教师要充分理解和掌握课程标准，知道标准要求学生掌握什么知识，然后才能有效地进行教学. 同时，要勇于改变自己，让学生不总是活在高大上的理论知识下，还要学会如何有效地去帮助学生理解和掌握相关的知识.

5. 理解大雁精神，抱团发展. 一个人可以走得很快，但只有一群人才能走得更远. 要充分利用合作交流式学习，让学生学会交流，大胆地说出来，以培养孩子的团队意识和团队精神.

6. 合理适当地设计习题课. 在教学中恰当的设计习题课来帮助学生掌握所要学的知识. 习题课的目的在于通过这样的课堂，使学生学会用所学的知识来解决实际问题，并通过解决实际问题来促进对该知识的理解.

第 5 章

初中数学实际问题与方程思想的教学研究

5.1 弄清事理，读懂文理，厘清数理
——“实际问题与方程思想”中的阅读教学策略

5.1.1 问题研究总体背景

1. 教育改革与学生发展要求

义务教育阶段数学建模和数学建模思想首次被提出是在《全日制义务教育数学课程标准（实验稿）》中，在这次实验稿中还对发展数学应用意识和实践能力这一课程内容进行了强调. 新课程标准也强调指出：在数学教学中，应注重让学生在实际背景中理解基本的数量关系和变化规律，注重使学生经历从实际问题中建立数学模型、估计和求解验证解的正确性和合理性的过程，从而体会数学与现实生活的紧密联系，增强应用知识的意识，培养运用代数知识与方程解决问题的能力.

2. 中考、高考“应试”要求

无论中考还是高考，其应用问题的“考试要求”基本上都是考查考生的应用意识和运用数学知识与方法来分析问题解决问题的能力. 这个要求分解为三个要点：

（1）要求考生关心国家大事，了解信息社会，讲究联系实际，重视数学在生产、生活及科学中的应用，明确“数学有用，要用数学”，并积累处理实际问题的经验.

（2）考查考生理解语言的能力，要求考生能够从普通语言中捕捉信息，将普通语言转化为数学语言，以数学语言为工具进行数学思维与交流.

（3）考查考生建立数学模型的初步能力，并能运用“考试说明”所规定的数学知识和方法来求解.

在应试教育影响下，我们的数学教育一直都是“重知识轻应用”，“高分低能”现象屡见不鲜．那么如何才能改变这一现状呢？为此要改变教育思想，转换教育观念，在数学教学中要注重培养学生的数学应用意识．这是提高学生数学素养的一种基本途径和有效方法，而“实际问题与方程”就是对数学模型思想的渗透与培养．

5.1.2 学生解决实际应用问题的现状原因分析

1. 没有学习数学的兴趣

数学实际问题中的文字叙述更加语言化，更加贴近现实生活，题目也比较长，数量也比较多，数量关系显得分散、隐蔽．因此，面对一大堆非形式化的材料，许多学生常感到很茫然，不知如何下手，久而久之对数学学习，特别是对实际问题没有了学习兴趣，见而避之．

2. 对实际问题中的一些名词术语、陌生词语不理解

由于数学应用题中往往有许多其他知识领域的名词术语，不同地域学生（城市与农村）对有些语言不熟悉，无法理解题意，更谈不上解决问题．

例如：

（1）我国政府在 1980 年提出要使我国工农业生产总值到 20 世纪末翻两番，因此，平均每年的增长率要达到 7.2%．同学们，你们知道这个增长率是怎样计算出来的吗？你们想知道其中的秘密吗？

（2）参加足球联赛的每两队之间都进行了两次比赛（双循环比赛），共比赛了 90 场，问共有多少个队参加比赛？

（3）某人将 2000 元人民币按一年定期存入银行，到期后支取 1000 元用于购物，剩下的 1000 元及应得利息又全部按一年定期存入银行．若存款的利率不变，到期后本金和利息共 1320 元，求这种存款方式的年利率．（注：所得利息要缴纳 20%的利息税）

（4）某林场计划修一条长 750 m，断面为等腰梯形的渠道，断面面积为 1.6 m^2，上口宽比渠深多 2 m，渠底宽比渠深多 0.4 m．

① 渠道的上口宽与渠底宽各是多少？

② 如果计划每天挖土 48 m^3，需要多少天才能把这条渠道挖完？

这些问题中就涉及学生不太熟悉的名词术语：翻两番、双循环比赛、利息、利率、年利率、利息税、断面等，若让学生自己先弄清这些名词的意思，教师再分析讲解，学生就易懂了.

3. 没有学会处理数据的适当方法

许多实际问题中涉及的数据多且杂乱，学生面对如此多而杂乱的数据感到无从下手，不知应把哪个数据作为思维起点，进而找不到解决问题的突破口.

例如：随着人们收入的不断提高及汽车产业的快速发展，汽车已越来越多地进入普通家庭，成为居民消费的新增长点. 据某市交通部门统计，2007 年年底全市汽车拥有量为 180 万辆，而截止到 2009 年年底，全市汽车拥有量已达 216 万辆.

（1）求 2007 年年底至 2009 年年底该市汽车拥有量的年平均增长率；

（2）为保护城市环境，缓解汽车拥堵状况，该市交通部门拟控制汽车总量，要求到 2011 年年底全市汽车拥有量不超过 231.96 万辆；另据估计，从 2010 年年初起,该市此后每年报废的汽车数量是上年年底汽车拥有量的 10%. 假定每年新增汽车数量相同，请你计算出该市每年新增汽车数量最多不能超过多少万辆.

本问题涉及的量有："2007 年年底汽车拥有量为 180 万辆，2009 年年底，全市汽车拥有量为 216 万辆，到 2011 年年底全市汽车拥有量不超过 231.96 万辆, 2010 年年初起该市此后每年报废的汽车数量是上年年底汽车拥有量的 10%，每年新增汽车数量相同"，在这诸多量中，到底从哪个量入手建立怎样的数学模型来解决问题，许多学生感到一片茫然.

4. 对实际问题数学化的知识储备不足

数学模式的呈现形式是多种多样的，有的以函数显示，有的以方程显示，有的以图形显示，有的以不等式显示，有的以概率显示. 具体到一个实际问题来讲，判断这个实际问题与哪类数学知识相关，用什么样的数学方法解决问题，是学生深感困惑的一个环节.

例如:某商店经销一种销售成本为每千克 40 元的水产品. 据市场分析，若每千克 50 元销售，一个月能售出 500 kg；销售单价每涨 1 元，月销售量就减少 10 kg. 针对这种水产品的销售情况，请解答以下问题：

（1）当销售单价定为每千克 55 元时，计算销售量和月销售利润.

（2）设销售单价为每千克 x 元，月销售利润为 y 元，求 y 与 x 的关系式.

（3）对该水产品，若在月销售成本不超过 10000 元的情况下，使得月销售利润达到 8000 元，销售单价应为多少?

学生在阅读了以上题目后，抽查学生问：联想到了什么数学知识？许多学生答不出来. 我认为答不出来的主要原因就是学生的基础知识储备不足，无法把实际生活情景迅速联系到数学知识上来，也就无法完成生活语言到数学语言的转换，从而无法对实际问题建立起数学模型.

5.1.3 实际问题中数学建模能力的初步形成

数学建模（实际问题转化为数学问题）的关键是提高阅读能力，即数学审题能力，审出函数、方程、不等式、等式. 要求我们读懂材料，辨析文字叙述中所反映的实际背景，并从背景中概括出数学实质，抽象其中的数量关系，将文字语言转译成数学符号语言，建立对应的数学模型并解答.

因此，解答一道应用题要过三关：

一是事理关，即读懂题意，知道讲的是生活中的什么问题. 这需要一定的阅读理解能力，需要迅速联系生活，找到生活原型或近似问题. 这是解决学生学习的原动力问题，因为数学来源于生活，服务于生活，生活即数学，数学即生活，生活中有数学，生活中要数学.

二是文理关，即把文字语言转化为数学符号语言. 这需要将“问题情景”的文字语言转化为数学的符号语言，用数学式子表达关系. 这需要学生对数学语言的转化要熟练，转化要准确，这是解决方法问题，生活数学化中最关键的一步.

三是数理关，即构建相应的数学模型，构建之后还需要扎实的基础知识和较强的数理能力. 因此，在构建数学模型的过程中，要求学生对数学知识要熟悉，要较快确定或构建相应的数学模型，完成由实际问题向数学问题的转化.

5.1.4 教学策略

针对学生解决实际应用问题中的困难以及解实际应用问题的思路和方

法，教师应在平时的教学中重视对学生进行数学语言理解、数学阅读能力的训练和培养，让学生养成在数学课上“听、说、读、写”的好习惯. 具体来讲，应抓好以下几个方面的教学.

1. 注重培养学生的学习兴趣

学习兴趣是学生能主动、有效地学习的源泉. 因此，在平时的教学中，应让学生从自身的生活背景中发现数学、创造数学、运用数学，并在此过程中获得足够的愉悦体验和兴趣.

例如：有一人患了流感，经过两轮传染后，有 121 人患了流感. 问每轮传染后平均一个人传染了几个人？

可以设置这样的教学情境：首先抽一位学生，老师告诉他一个消息，再让这一位学生在班上任意选 n 位学生并将这一消息告诉他们（这时有多少位同学知道这一消息呢？）；然后要求知道该消息的学生中每人告诉不知道该消息的 n 位同学（凡已经知道的就不再告知），这时一共有多少位同学知道这一消息呢？

生活中有很多数学问题是可以让学生参与情景再现的. 例如：安排学生去超市购买商品（模拟商品交易场景）、安排学生个人或小组到银行去调查储蓄存款利息计算方法、实地规划学校花园修建，等等. 并让学生试用数学知识来解决这些问题，学生的兴趣会很高. 教师在教学中如果注意联系身边的事物，让学生体验数学，并尝到成功的乐趣，对激发学生的数学兴趣，培养学生的数学应用意识以及解决实际问题的信心是很有作用的.

2. 培养学生善于数学阅读的良好习惯

苏联著名数学教育家斯托利亚尔指出“数学教学也就是数学语言的教学”. 因此，数学教学也必须加强数学阅读教学，不仅要重视阅读方法的指导，还要让学生养成良好的数学阅读习惯，使学生体验到数学阅读的乐趣，从而在兴趣的驱动下自觉主动地进行数学阅读. 具体来讲，教学时可以从下面三个方面着手.

（1）让学生会读数学. 读的内容包括：读文字，读图表；读的方式包括：齐读、默读、朗读；读的频次：一读、再读、带着问题读；读的技巧：重点读、断句读、联想读、边读边圈画、读主干（缩读）、拓展读.

（2）让学生学会说（听）数学. 学生通过阅读题目，进行分析思考，说出题目提供的信息（已知、未知）、现象过程（变化与不变化，基本量的联系）、解题思路及遇到的障碍，等等. 对学生遇到的障碍，可让学生通览全题说说题目的要素，剖析字句，找到突破口；也可组织适当的课堂探究活动进行交流，让学生在独立思考的基础上，以小组或班级的形式围绕遇到的问题发表见解、互相讨论. 因此，说数学可以是个人说，也可是生生或师生的交流；在说的过程中也就产生了听数学，在听的过程中通过比较、学习，来促进个人思维的提升，进而有茅塞顿开的感觉.

（3）让学生写数学. 实际上这也是训练学生的数学表达能力、逻辑思维能力的重要途径. 写数学就是将所想用数学语言有条理地呈现出来，对所说的数学再现后进行验证（包括合理性的验证）.

例如：要设计一本书的封面，封面长 27 cm，宽 21 cm，正中央是一个与整个封面长宽比例相同的矩形. 如果要使四周的彩色边衬所占面积是封面面积的 $\frac{1}{4}$，上下边衬等宽，左右边衬等宽，应如何设计四周边衬的宽度（精确到 0.1 cm）？

教师是这样安排教学的：

教师展示课件“设计封面”，请一位同学朗读题目.

教师提出问题（1）：本题中有哪些数量关系？学生分析，请一位同学回答，教师在题目中指出数量关系.

教师提出问题（2）：如何理解“正中央是一个与整个封面长宽比例相同的矩形”？学生思考，请一位同学回答，可举简单例子说明，最后引导学生得出正中央矩形的长宽比是 9:7.

教师提出问题（3）：如何利用已知的数量关系选取未知数并列出方程？学生分组讨论，选代表上台演示、回答，每位同学要着重分析题目中的数量关系的处理方法. 其中，设左右边衬和上下边衬为 $7x$ 和 $9x$ 的方法，教师要配合图形平移加以电脑演示.

教师提出问题，学生分组，分别按问题（3）中所列的方程来解答，选代表展示解答过程，并讲解解题过程和应注意的问题.

3. 数学语言能力训练的方法

提高学生的数学语言能力，主要是提高学生对非数学语言与数学语言的理解及其互译.

（1）斯托利亚尔指出：数学语言与非数学语言都很重要，如果只限于语义，学生将不会使用形式上的数学工具，进而不能用它们解决问题. 如果只限于句法，学生将不能理解数学语言表达的意义，不能把非数学问题转化为数学问题，他们的知识将是形式主义的、无益的. 因此，在教学中要指导学生对数学语言从语义、句法两方面结合分析.

例如：我校去年年底的绿化面积为 500 平方米，预计__①__的绿化面积为 1720 平方米. 若该校今、明两年绿化面积平均每年的增长率相同，设年平均增长率为 x，则可列方程为____________________.

要求学生添加条件后列出方程. __①__处可填“明年新增”，也可填“到明年三年总”. 教师设计本题的意图就是训练学生对数学语言中语义、语法的不同表达，这实际上也是厘清本问题数量关系的关键语句.

（2）要加强数学语言的互译训练. 数学概念、定理、公式和法则等往往是通过一种语言表述的，而学生要真正理解和运用它们，必须能灵活地运用三种语言（文字语言、图形语言、符号语言）进行表述. 例如，数学中的定理都是用文字语言表述的，但是证明时的论证需借助符号语言来表达，同时也有图形语言作为文字语言和符号语言的必要补充，以便为数学思维提供直观模型. 因此，在数学教学中必须重视对三种语言的转化训练，对每一问题都尽可能地要求作出对应图形，并能用符号语言写出对应的数学表现形式.

例如：如图，某中学为方便师生活动，准备在长 30 m，宽 20 m 的矩形草坪上修建两横两纵四条小路，横纵路的宽度之比为 3:2. 若使余下的草坪面积是原来草坪面积的 $\frac{3}{4}$，则路宽应为多少？

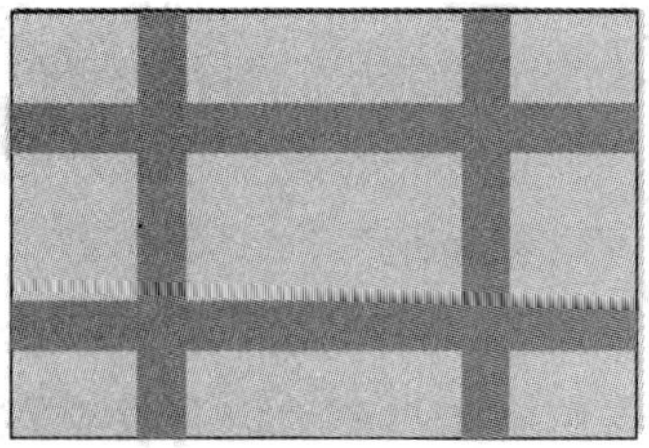

教师在教学中，要求学生结合图形将相关条件标注在图上，并将图形进行等积转化，这就需要学生将文字语言、数学语言、图形语言有机结合起来. 实际上，这也是厘清本问题数量关系的关键.

4. 善用表格，建立相关量的联系，构建数学模型

当题目中数量较多时，学生对已知、所求之间的数量关系比较模糊或茫然，只有先局部整理数据再结合整体，形成相关数量间的框架结构，才能发现其本质关系，找到解决问题的方法. 这可借助表格中整合的信息，厘清数理关系，建立相应的数学结构，凸显数学“建模”功能.（另见：表格法分析建立数学模型）.

综上所述，培养学生解决实际问题的能力（数学建模），其前提是要学生养成良好的数学阅读习惯与方法，提升学生的数学阅读能力；其根本是要过三关，即事理关、文理关、数理关. 这就需要教师平时对学生进行长期的数学上的“听、说、读、写”训练，将学生认为只是进行反复、枯燥计算的数学转变为可以听、可以说、可以读、可以写，甚至可以演得有声、有色的学科，从而让学生感受到数学的人文、情感色彩，领悟数学的思想、人生价值，体验数学的生活、方法本质.

5.2 培养阅读理解习惯 渗透数学思想方法

数学的阅读能力，不仅是学生适应社会生活的素质之一，也是学生数学素养的重要体现，更是《义务教育数学课程标准（2011 年版）》的要求. 近些年来，无论是中考，还是高考，都有些大量文字阅读题，例如：北京 2015 中考 25 题，沈阳 2015 中考 25 题，绵阳 2016 中考 20, 23，绵阳 2015 中考 20, 23，成都 2015 中考 18, 23, 25, 26 题，等等. 要求学生从中提取出有用的数学素材，然后利用相关的数学知识进行解答. 但学生往往因为心理压力，主动放弃不做，或是理解概括能力差，出现偏差，丢分现象十分严重.

5.2.1 培养阅读理解习惯

1. 课堂教学中培养数学阅读理解习惯

（1）数学阅读直接转变了学生的学习方式.

《义务教育数学课程标准（2011 年版）》要求教师和学生互换角色. 那么如何才能体现以学生为主体、教师为主导的教育角色呢？我想注重学生数学阅读能力的培养，让学生自己去面对数学素材，自主地感知和加工素材中的信息，尝试解决问题，这样也就真正体现了学生是学习活动的主体. 即让学生像看小说、杂志一样，主动地捧起数学书本，有滋有味地阅读，我想我们的数学教育价值就得到了有力体现.

（2）数学阅读是学生对知识的主动内化过程，是一个动态过程.

通过阅读，可以促进学生对数学语言和非数学语言的相互转化，可以让学生思维的逻辑性、有效性、严谨性得到很好的强化，可以让数学的抽象性、概括性和精确性在最大程度上得到锻炼和提高，可以促进知识的迁移，并在迁移中使知识网络化、结构化.

（3）数学阅读可以很好地培养学生对数学学习的兴趣.

通过数学史方面书籍的阅读，可以让学生了解高斯、伽罗华、阿贝尔、康托、希尔伯特等国外数学家，也可以让学生了解华罗庚、陈景润、熊庆来、张奠宙等国内数学家，了解知识的发展以及当今前沿数学的发展情况. 例如，古代数学问题：

巍巍古寺在山林，不知寺内几多僧.
三百六十四只碗，看看用尽不差争.
三人共食一碗饭，四人共吃一碗羹.
请问先生明算者，算来寺内几多僧？

还有《九章算术比类达全》中“宝塔装灯”：

远望巍巍塔七层，红灯点点倍加增；
共灯三百八十一，请问顶层几盏灯？

通过阅读，还可以培养学生的文学修养，让学生明白数学也是一种文化，一种传承.

（4）数学阅读能力的培养，也是“终身教育，终身学习”教育思想所要求的.

数学的教育价值，不仅仅是培养学生如何解决数学问题，更重要的一点是培养受教育者的数学素养. 即只有让受教育者终身学习，才能与时俱进，而数学阅读正好能适应这一要求.

2. 如何进行数学阅读训练，有哪些教学策略

（1）注重数学阅读的趣味性.

做任何事情，首先要注意兴趣的培养，否则，学生就会感到索然无味. 数学阅读，也是如此. 若失去了趣味，学生的注意力就会分散.

（2）注重数学阅读的层次性.

每个人的认知能力不一样，吸收能力也不一样，所以，在对阅读材料选取的要求上，特殊情况下可以灵活处理，不可千篇一律，一定要注意对象的层次性.

（3）注重数学阅读的持续性及可操作性.

数学阅读能力的提高，并非一朝一夕之功，而是要持之以恒地培养，方可见到成效. 要注重数学阅读的引导、训练，以及可操作性.

（4）注重数学素材的概括.

例如：某农户 2010 年承包荒山若干亩，投资 7800 元改造后种果树 2000 棵，成活率为 90%. 在去年（2020 年）夏季全部结果后，随意摘下 10 棵果树的水果，称得质量如下：（单位：千克）

8，9，12，13，8，9，11，10，12，8

① 根据样本平均数估计该农户去年水果的总产量是多少？

② 此水果在市场每千克售价 1.3 元，在水果园每千克售价 1.1 元. 该农户用农用车将水果拉到市场出售，平均每大出售 1000 千克，需 8 人帮助，每人每天付工资 25 元. 若两种出售方式都在相同的时间内售完全部水果，选择哪种出售方式合理？为什么？

③ 该农户加强果园管理，力争到 2022 年三年合计纯收入达到 57000 元，求 2021 年、2022 年平均每年的增长率是多少？（纯收入 = 总收入 − 总支出）

在这个问题中，我要求学生尝试着用 10 个字以内的语句来概括本段文字所表述的事情，学生们踊跃尝试，可是却不尽如人意. 最后，我给出了六个字：种果树，卖水果.

（5）注重数学概念的理解，符号表示，统计图表信息的读取.

例如：某同学进行社会调查，随机抽查了某个地区的 20 个家庭的收入情况，并绘制了统计图.

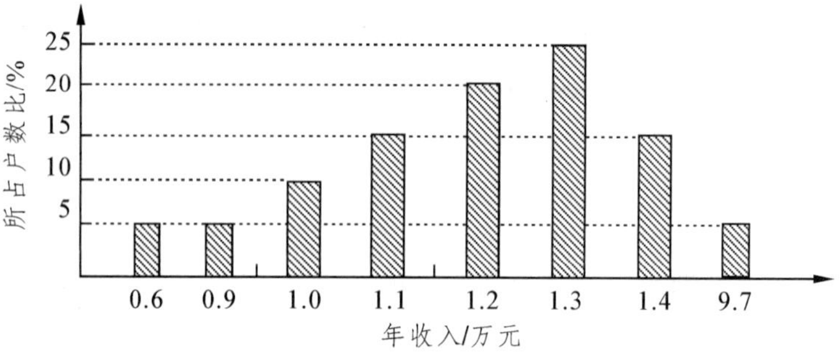

请你根据统计图给出的信息回答：

① 填写完成下表：

年收入/万元	0.6	0.9	1.0	1.1	1.2	1.3	1.4	9.7
家庭户数/户								

这 20 个家庭的年平均收入为______万元；

② 样本中的中位数是______万元，众数是______万元；

③ 在平均数、中位数两数中，______更能反映这个地区家庭的年收入水平.

在这个问题中，首先教育学生如何读懂图和表，其次涉及相关数学概念：平均数、中位数、众数等.

（6）注重数学模型的建立以及数学问题的正确表述.

数学阅读时，还要注重构建的相应的数学模型. 比如：利润问题、平均增长率问题、供需平衡问题、数字问题，等等. 上述两个问题，都与平均增长率问题相关. 另外，还要注重数学问题的正确表述，及其生活中的实际意义.

总之，数学阅读能力的高低，决定着解题能力的高低. 只有加强阅读能力的培养，才能更好地提高学生的数学解题能力.

5.2.2 渗透数学思想方法

初中数学课堂，应注重渗透数学思想方法，广泛激发学生学习数学的兴趣和热情，让学生体会到学数学、做数学、用数学的快乐. 教材中，一元二次方程的内容，其应用相当广泛，在几何学、物理学及其他学科中都有应用. 因此，它成了初中数学学习的重点，特别要注重渗透数学思想方法：在教法上，可以采用“探索、归纳与合作交流”相结合的方法，以学生主动参与为前提、自主学习为途径、合作交流为形式，培养学生动脑、动手、合作和交流的能力. 在学法上，突出学生自主探究、合作交流的学习方式，让学生在自主探究合作交流中加深印象，充分发挥学生的主观能动性. 因此，在教学过程中，教师要注重点、引、激、评，注重学生探究能力的培养. 还课堂给学生，让学生亲身体验知识的产生过程，以拓展学生的创造性思维. 同时，注重加强对学生的启发和引导，鼓励培养学生们大胆猜想、小心求证的科学研究思想.

列一元二次方程解应用题的关键在于恰当地选设未知数并寻求、抓准问题中的数量关系，找出其中的等量，从而准确列出方程来解答. 因此，课堂上的审题非常重要，要求学生做到三读：一初读，明白此题属于什么类型的应用题及数量关系式；二通读，用简短的文字和符号或图表罗列出题目中的条件和问题；三细读，找到等量关系，列出方程.

在教列方程解增长率问题时，可通过例题教学让学生总结出增长率、下降率公式.

1. 平均增长率

例 1：有一人患了流感，经过两轮传染后，有 121 人患了流感，问每轮传染中平均一个人传染了几个人？

（1）教师导学.

分发问题串题单，请学生独立思考填空：

① 有一人患了流感，他把流感传染给了 10 个人，共有____人患流感；第一轮传染后，所有患流感的人每人又把流感传染给了 10 个人，第_轮被传染了____人；经过两轮传染后，共有____人患流感.

我在此处做了追问：假如问 10 轮后共有多少人患流感，用这样的方法计算麻烦吗？

师说：因为方程是刻画现实世界的一个有效数学模型，所以本节课我们来学习如何用方程解决这类问题.

这个追问在最初的教学设计中是没有的.

② 有一人患了流感，他把流感传染了 x 个人，共有____人患流感；第

一轮传染后，所有患流感的人每人又把流感传染了 x 个人，第二轮被传染了____人；经过两轮传染后，共有____人患流感.

① 题答案为 11, 121；② 题答案为 $1+x$, $1+x+x(1+x)$. 先让学生自己做，教师再讲解，最后进行点评.

（2）合作与探究.

师：设每轮传染后平均一个人传染了 x 个人，请同学们根据同一个量用两种方式表达，中间用等号连接.

在学生列出方程后予以解答. 请一个学生到黑板上做.

解：设每轮传染后平均每个人传染了 x 个人，根据题意有：

$$1+x+x(1+x)=121.$$

整理得 $x^2+2x-120=0$.

即 $(x-10)(x+12)=0$.

解得 $x_1=10, x_2=-12$.

由于方程中 x 表示被传染的人数，所以 $x=-12$ 不符合题意，舍去. 即每轮传染后平均每个人传染了 10 个人.

师问：同学们可以想一下，这个方程还有其他更为简便的解法吗？

生答：可以把方程 $1+x+x(1+x)=121$，整理成：$(1+x)^2=121$，然后用直接开平方法求解.

师问：如果按照这样的速度传染，第三轮后将有多少人患流感?（引导学生用多种方法解答）

问题延伸：（1）用式子表示出第 n 轮后患流感的人数.

（2）若最初有 a 人患流感，用式子表示出第 n 轮后患流感的人数.

总结：如果某个量原来的值是 a，每次增长的百分率是 x，则增长 1 次后的值是 $a(1+x)$，增长 2 次后的值是 $a(1+x)^2$，增长 n 次后的值是 $a(1+x)^n$，这就是重要的增长率公式：

$$\text{基础值}\times(1+\text{增长率})^{\text{增长的次数}}=\text{增加值}$$

2. 平均下降率

例 2：某款手表，原来每只售价 96 元，经过连续 2 次降价后，现在售价 54 元，求平均每次降价的百分率.

小组合作讨论完成此题. 小组选代表以抽签的形式把作业拿到展示台后在大屏幕上投影并讲解，师生共同点评. 点评时教师要注意强调以下几方面的问题：

（1）设未知数时，有些学生会设为“平均每次降价 x 元”，这时，应该给学生讲明：降价百分率是降低量与基础量的比值，是没有单位的. 应设为“平均每次降价的百分率为 x.”

（2）有些同学可能将方程列为 $96(x-1)^2=54$，这时教师应讲明白，这样列虽和方程 $96(1-x)^2=54$ 的计算结果一样，但括号里写成 $x-1$ 是不对的，请同学们讨论为什么. 最后归纳得出：我们把 96 看成单位“1”，第二次是在单位“1”的基础上下降的，$0<x\leqslant 1$，所以括号里应该是 $1-x$ 而不是 $x-1$.

（3）一部分学生对两个正根 $\frac{1}{4}$ 和 $\frac{7}{4}$ 不知如何检验取舍，也不把 $\frac{1}{4}$ 化成百分数，还有些学生不作答，方程解完就算了. 此时，教师要告诉学生，有问必作答. 另外强调，解方程的过程不必书写得太详细.

师：以上研究的各类增长率问题在实际生活中普遍存在，有一定的模式. 若平均增长（下降）率为 x，增长（下降）前的量为 a，增长（下降）n 次后的量为 b，请按“同一个量用不同的方式表达，中间连等号”这一方法，把 a,x,n,b 的关系式写出来，并在黑板上板书这一关系式.

总结：如果某个量原来的值是 a，每次下降的百分率是 x，则 n 次下降后的值是 $a(1-x)^n$，这就是下降率公式：

$$\text{基础值}\times(1-\text{下降率})^{\text{降低的次数}}=\text{下降值}$$

5.3　方程思想与实际问题的列方程策略

5.3.1　“方程思想与实际问题”的地位和作用

1. 在教材中的分布

“方程与实际问题”在新人教版初中数学教材中，主要集中分布在七年级“一元一次方程”“二元一次方程组”，八年级“分式方程”，九年级“一元二次方程”这四个章节中.

2. 新课标的要求

（1）学生是数学学习的主人，教师是数学学习的组织者、引导者和合作者.

（2）要敢于面对数学活动中的困难，有独立克服困难和运用知识解决问题的成功体验，有学习数学的自信心.

（3）能根据具体问题中的数量关系，列出方程，体会方程是刻画现实世界的一个有效模型.

（4）能根据具体问题中的实际意义检验解是否合理.

（5）会用方程的知识解决简单的实际问题.

3. 学生四种能力的提升

通过“方程与实际问题”的教学和学生对这部分内容的学习，要达到的目的是提升学生的四种能力：发现问题的能力，提出问题的能力，分析问题的能力，解决问题的能力. 在教学中教师要真正起到引导和示范作用，让学生在合作学习、自主学习的过程中逐渐积累发现问题的方法、提出问题的技巧、分析问题的经验、解决问题的感悟，最终达到提升学生这四种能力的目的.

对这四种能力的提升，非一日之功，是一个比较持久的过程. 因此，在教学中教师和学生双方都要做好打持久战的准备，让学生在持久战中悟出一些属于自己的经验和方法，从而形成解决问题的能力.

5.3.2 列方程解应用题的双难成因

在列方程解应用题的教学过程中，教师觉得难教，学生觉得难学，导致这部分的教学效果欠佳，甚至影响学生解决问题能力的提升. 其原因大致有以下几点：

（1）审题步骤不要求形成书面格式. 在列方程解应用题时，对审题不做书面要求，老师们在教学时往往就忽视了审题的示范作用. 而学生在解题过程中也不要求将审题过程写出来，对此也就不重视了.

（2）审题投入的时间直接影响审题的效果. 在教学中，列方程解应用题时，审题要有合理的时间分配. 可是老师们总觉得审题太耗时间，会影响课程的推进速度，完不成当堂课的教学任务，于是就加快了审题速度，导致审题时分析不到位，关键抓不准、抓不全，草草收场，而学生也听得模棱两可. 这就要求教师在备课时对审题工作要有充分的准备，讲解时语言要精练，要善于抓关键，让学生听得明白. 这是审题的示范作用要求.

（3）农村初中学生见不多，识不广，不善于联系实际，思维不活跃，理解能力偏低.

（4）初中学生的心理特征带来的影响. 这个阶段学生的逻辑思维能力正在逐步形成，并且开始占据优势，但在很大程度上都还属于经验型. 他们的逻辑思维需要感性的经验支持，他们喜欢具体的形象，而不喜欢分析抽象的事物. 他们善于模仿，要求重复巩固，逻辑思维还有待发展.

（5）受小学算术方法解应用题的影响. 其中，一个是方法本身的影响，另一个是在那时已经形成的解应用题难的印象，从而形成心理上的障碍.

（6）学习任务繁重，没有多余的时间进行巩固训练. 再有就是实际问题的类型繁多，数量关系复杂.

5.3.3 列方程解应用题的策略

1. 审题的策略

（1）审题要过好“三关”，读题要落实好“三读”.

审题是一个虽不做书面要求，但又是必不可少的步骤. 首先，要读好题. 读题要过好三关：文理关，事理关，数理关. 读题的方法是：点信息，划精要，圈疑问. 一边读一边做标识，一边读一边做评注，一边读一边做概括. 读题是审题的必要准备.

在教学中，要注重学生阅读习惯的培养，注重学生理解能力的提高. 数学中的应用题叙述枯燥，无法吸引学生眼球，这就要求学生具有良好的阅读习惯，并形成自己的行之有效的方法. 具有较强的文字理解能力是学生解应用题的一个基本条件. 首先，对学生进行关键词语的引导，培养他们养成良好的思维落脚点的习惯. 其次，要加强对学生专业用语的透识，以保障整个解题思维不受文字的约束，从而将学生的整体认识能力提升到一个新高度.

① 明确题目类型，呈现基本数量关系. 题目类型主要有：工程问题、行程问题、配套问题、劳动力调配问题、数字问题、等体积变换问题、面积问题、利润问题、比例分配问题，等等. 基本数量关系主要有：工作效

率*工作时间 = 工作量，速度*时间 = 路程，等等.

② 抓住关键字词，分析已知与未知的关系. 关键字词有：比、多、少、倍、同向而行，等等.

③ 对信息进行加工，形成列方程的基础. 其采用的方式有：翻译的方式，将复杂的叙述转化为简单地叙述；也可以采用填空式、列表式、线段式、实物演示等，以便进行信息整理，分析加工，形成重要的数量关系和等量关系.

（2）关注学生能力培养.

在审题中，主要关注学生阅读习惯、阅读能力、善抓关键、发现问题、加工信息等能力的培养，以及转化思想、数形结合思想、建模思想的培养上. 其结果是落实到发现问题的能力、提出问题的能力、分析问题的能力、解决问题的能力培养上.

（3）教的示范作用.

教学应用题时，对审题这个环节，要给学生很好的示范作用，要让学生明白审题本身的重要性. 即让学生明白从读题到分析出数量关系和等量关系这一环节的重要性，并向学生展示. 要让学生从教师的示范中，逐渐形成属于自己的审题方法，最终达到提升四种能力的目的.

2. 巧设未知数

（1）巧设未知数的方法.

① 直接设未知数的方法.

② 间接设未知数的方法.

③ 辅助设未知数的方法.

根据审题的结果，巧设未知数，可以使问题简化.

（2）设未知数时应该注意的问题

① 设未知数时，问题要明确，语句要通顺.

② 设好未知数后，列出所需的代数式.

③ 统一单位.

3. 列方程

（1）选择适当的等量关系，列方程.

（2）最终将实际问题转化为数学问题，这是一个生活数学化的过程.

5.3.4 列方程解应用题思维的培养

1. 不局限于教材的四个章节

教材的题目题型有限，并且分布在不同阶段的不同章节. 因此，要结合身边的实际问题编撰应用题进行教学，让学生更好地体会数学来源于生活，又服务于生活，体会数学学习的价值，以激发学生学习数学的兴趣和热情.

2. 这是一个持久的过程

其实，列方程解应用题思维能力的培养是一个持久的过程，因此，要帮助学生树立自信心，以培养其兴趣，激发其热情. 另外，要循序渐进，逐步提升. 在这个过程中，教师的引导作用很重要，不要忘记教师所扮演的角色.

3. 重视教师的示范作用

在应用题的教学中，教师的示范作用很重要. 要示范读题方法，示范分析方法，示范巧设未知数，示范列方程建模，示范解题格式，等等，这些都需要我们做更多更仔细的工作.

提高学生的四种能力，是我们教学的目标和不懈的追求！

5.4 “列分式方程解决实际问题”案例分析

分式是新人教版八年级上册的重要内容，列分式方程解决实际问题是本章的重点，也是学生们学习的难点，但是学生们掌握得不是很理想. 下面就如何运用分式方程解决实际问题谈一谈我的看法.

一、分式方程的特点

分式方程具有以下特点：

其一，分式应用题与其他类型应用题的区别是总量是已知的、固定不变的；

其二，分式应用题是成反比例关系的两个量.

二、数学模型的选择

我们在初中阶段可以选择的数学模型包括三大类：方程、不等式和函数. 这三类之间又有着千丝万缕的联系[一元一次方程、一元一次不等式（不等式组）、二元一次方程（组）、分式方程、一次函数、反比例函数、二次函数]，因此，对于不同的模型，学生会列会解才是最基本的要求. 另外，还要检验解的合理性，这样才能应用于实际问题. 那么怎样选择恰当的数学模型呢？

首先，遇到一个实际问题时要从认真阅读开始，以提取问题中的各种信息，选择并建立相应的数学模型，利用我们所学习的数学知识求解. 然后，将所得到的解代回实际情境中以检验解的合理性，以便最终解决实际问题.

在这个过程中，我们要教会学生什么呢？首先要让学生学会读题. 因为读题的过程就是将文字语言转化成符号语言的过程，因此，要带领学生读关键句子、关键词语，以便让学生将它们转化成相应的符号，这样才能进入到选择数学模型的阶段. 这里我们所选择的模型是分式方程.

三、用列表法解分式方程实际问题

列方程解实际问题对于很多学生来讲之所以是老大难问题，主要原因在于学生的阅读理解能力差，不能找到等量关系. 然而用列表法可以很清楚、直观地设出未知数，找出等量关系列方程. 现举例如下.

例 1：黄甸镇农机站两名工人到距学校 10 千米的金鱼村维修旋耕机，杜师傅骑自行车先走，过了 20 分钟王师傅乘汽车出发，结果他们同时到达，已知汽车的速度是自行车的 2 倍. 求骑自行车师傅的速度？

分析：数量关系为：路程 = 速度×时间.

设骑自行车师傅的速度为 x 千米/时，列表得：

	路程/千米	速度/千米/时	时间/小时
汽车	10	$2x$	$\frac{10}{2x}$
自行车	10	x	$\frac{10}{x}$

列方程得：$\frac{10}{x}-\frac{10}{2x}=\frac{1}{3}$.

例 2：黄甸镇为了进一步改善居民休闲、健身条件，决定修建一条从白鹤湾到公子山的观光路. 为了使工程能恰好提前 3 个月完成，需要将原定的工作效率提高 12%，请探究原计划完成这项工程需要几个月？

分析：这是一道工程应用题，要将工作总量看作单位“1”.

数量关系为：工作总量 = 工作时间×工作效率.

设原计划完成这项工程需要 x 个月，列表得：

	工作总量	工作时间/月	工作效率
原计划	1	x	$\frac{1}{x}$
实际	1	$x-3$	$\frac{1}{x-3}$

列方程得：$(1+12\%)\frac{1}{x}=\frac{1}{x-3}$.

列分式方程解应用题的例子还有很多类型，它们都有一个共同的特征——总量一定，这里我就不一一举例了.

四、运用分式方程解实际问题时应注意的事项

通常，列方程解决实际问题的步骤是：审题、找等量关系、设未知数、列方程、解方程、检验、作答. 应用分式方程解决实际问题时，首先要知道分式方程是指分母中含有未知数的方程. 其次要知道使原分式方程最简公分母为零的根是增根，所以检测得出的结果尤为重要. 下面举例说明.

例 3：一小艇在梓江上从 A 地出发顺流航行 63 千米到达 B 地，然后逆流回航到 B 地，航行时间共 5 小时 20 分. 已知水流速度为 3 千米/时，小艇在静水中的速度是多少？小艇顺流航行时间和逆流回航时间各是多少？

分析：（1）顺水中小艇的速度 = 静水中小艇的速度+水速；逆水中小艇的速度 = 静水中小艇的速度 − 水速.

（2）小艇顺流航行时间+小艇逆流航行时间 = 5 小时 20 分.

（3）设小艇在静水中的速度为 x 千米/时，列表得：

	路程/千米	速度/千米/时	时间/小时
顺流航行	63	$x+3$	$\frac{63}{x+3}$
逆流航行	63	$x-3$	$\frac{63}{x-3}$

列方程得：$\frac{63}{x+3}+\frac{63}{x-3}=5\frac{1}{3}$.

解：设小艇在静水中的速度为 x 千米/时，得

$$\frac{63}{x+3}+\frac{63}{x-3}=5\frac{1}{3}.$$

去分母，整理得：$8x^2-189x-72=0$.

解得：$x_1=24, x_2=-\frac{3}{8}$.

经检验，$x_1=24, x_2=-\frac{3}{8}$都是原方程的根，但速度不能为负数，所以 $x=-\frac{3}{8}$不合题意，应舍去.

所以 $x=24$. 而 $\frac{63}{x+3}=2\frac{1}{3}$，$\frac{63}{x-3}=3$.

答：小艇在静水中的航行速度为 24 千米/时，顺流航行时间为 $2\frac{1}{3}$小时，逆流航行时间为 3 小时.

上例在分析过程和解题过程中，教师要强调单位的统一性和检验的步骤. 解分式方程要通过去分母转化为整式方程，但去分母不能保证新方程与原方程同解，即可能产生增根. 所以通过去分母得出的解必须检验. 当这个解使得原方程的最简公分母不为零时，它才是分式方程的解，而在实际问题中所解的结果还要符合实际生活，才是真正有意义的解，否则都应该舍去.

总之，提高学生列方程解决实际问题的能力绝非一日之功，教师应帮助学生逐步消除解决列方程解实际问题的心理障碍，并能用所学列方程解实际问题的方法解决生活问题. 另外，还要让学生养成良好的阅读习惯，并对数学产生一定的学习兴趣.

第6章

初中数学法则课课堂教学研究

6.1 初中数学法则课的情境导入策略

初中数学法则课的教学是非常枯燥、乏味的，学生们常常说：学习数学中的法则、公式一点乐趣都没有，不吸引人，记住了也容易忘记. 所以说，法则课的教学是初中数学中很不好教的一个部分. 老师们也常说：要让学生去认真学习什么，首先要让学生对它产生兴趣，吸引他们的注意力. 而我个人认为：在法则课教学中，要想激起学生的学习兴趣，关键是抓好课堂的情景导入.

一堂课如果导入得当，就能吸引学生，引起学生的注意，从而使其产生良好的学习动机，极大地调动学生学习的积极性，使课堂气氛变得轻松活泼，课堂活动顺利进行，课堂效率得以提高.

那么，怎样来做法则课教学中的情境导入呢？

比如说，在教学“合并同类项”时，首先用多媒体出示一个文具商店的一角，每一个柜台上展示了许多文具，当学生们看视频时，教师提问：这些文具的摆放有什么特点？

生 1：钢笔和钢笔放在一起，圆珠笔和圆珠笔放在一起.

生 2：三角板与三角板放一起，书包与书包放一起……

帅：同学们，钢笔与钢笔、圆珠笔与圆珠笔、书包与书包，是因为它们有相同的特征. 人们常说：“物以类聚，人以群分”，文具店里摆放商品时就是把具有相同特征的物品放在一起. 前面我们学习了代数式，今天我们就用刚学的知识来将这些代数式进行分类，好不好？

生齐：好

于是，水到渠成地引入课题“合并同类项”. 课后，通过学生作业反馈情况来看，效果非常好. 因此，课堂导入的设计非常重要. 有趣的情境导入会让学生在枯燥、乏味的公式学习中，印象深刻，长时记忆.

在教学中，有许多老师的情境教学常常会走入一个误区，即为了追求课堂气氛活跃、热烈，以及形式上的活泼，结果把学生的兴趣和注意力都吸引到看热闹上去，或过多地占用了课堂教学时间，影响教学效果，偏离了主题. 一堂课下来，费时不少，收效甚微. 数学课的情境导入设计不但要有趣味性，而且还要简洁、紧凑. 所以，情境导入时间一般控制在 5 分钟以内，应避免长时间的导入而占据学生的最佳学习时间，使学生的注意力产生转移，达不到预期目标.

从教这些年，我一直在努力探索和试验，也总结了一些方法和经验，现在把它写出来与大家分享.

1. **开门见山导入法**

开门见山导入法是一种最基本的课堂教学导入法，也是最常见的、最有效的情境导入法. 上课一开始，教师就直接出示课题，向学生讲明本堂课的学习内容、学习目的和学习重点，从而引起学生的注意，让学生心中有数.

2. **设疑导入法**

设疑法是根据中学生追根求源的心理特点，一上课就给学生创设一些疑问，创设矛盾，设置悬念，引起思考，使学生产生迫切学习的浓厚兴趣，诱导学生由疑到思、由思到知的一种方法. 比如，在讲解全等三角形的判定时（已经学了全等三角形的性质），我设计了如下一个情境导入：衣橱上镶有一块三角形玻璃，一不小心被打破了，变成 3 块，要求你们只取其中的一块去找师傅重新配一块全等的三角形玻璃，问：取哪一块才能达到目的. 学生们议论纷纷. 然后，教师向学生说，要解决这个问题就要用到全等三角形的判定，现在我们就来解决这个问题 ——全等三角形的判定.

设疑情境导入法还只是课堂教学的第一步，更重要的是要以此激发学生的思维，使学生的思维尽快地活跃起来. 因此，教师必须掌握一些设问的方法与技巧，并善于引导，使学生学会思考并会解决问题.

3. **故事导入法**

故事导入是教师最喜欢使用的导入方法之一，也是最能吸引学生注意力的一种方法. 上课伊始即通过故事或典故导入，把学生的好奇心转化为学习的兴趣，促进其思维想象力的方法. 如在讲述“勾股定理与平方根”这一节时，可以通过下面的故事导入本课：1876 年一个周末的傍晚，在美国首都华盛顿的郊外，有一位中年人边散步，边欣赏黄昏的美景，他就是当时美国俄亥俄州共和党议员伽菲尔德. 他走着走着，突然发现附近的一个小石凳上，有两个小孩正在聚精会神地谈论着什么，时而大声争论，时而小声探讨. 出于好奇心，伽菲尔德循声向这两个小孩走去，想搞清楚这两个小孩到底在干什么. 此时，只见一个小男孩正俯着身子用树枝在地上画着一个直角三角形，于是伽菲尔德问他们在干什么？只见那个小男孩头也不抬地说：“请问先生，如果直角三角形的两条直角边分别为 3 和 4，那么斜边长为多少呢？”伽菲尔德答道：“是 5 呀.”小男孩又问道：“如果两条直角边分别为 5 和 7，那么这个直角三角形的斜边长又是多少？”伽菲尔德不假思索地回答道：“那斜边的平方一定等于 5 的平方加上 7 的平方.”小男孩又说道：“先生，你能说出其中的道理吗？”伽菲尔德一时语塞，无法解释了，其心理也不是滋味. 这样就能激发学生对勾股定理的学习兴趣和学习欲望.

4. **游戏导入**

游戏导入就是结合教学内容而创设的游戏活动情境，让学生在游戏的活动中学到新知识，并从游戏中受到启发，提出一些与数学内容有关的问题，从而激起学生强烈的求知欲.

例如：在教学“代数式”的第一课时，创设这样一个教学情景：

师：同学们，我们来唱一首儿歌好吗？

生：好.

师：1 只青蛙 1 张嘴，2 只眼睛 4 条腿，扑通一声跳下水.

生：2 只青蛙 2 张嘴，4 只眼睛 8 条腿，扑通、扑通 2 声跳下水.

生：3 只青蛙 3 张嘴，6 只眼睛 12 条腿，扑通、扑通、扑通 3 声跳下水.

当青蛙的数量越来越多时，学生出错的概率就越大，然而学生参与的热情很高涨.

师：你们能发现什么规律吗？当青蛙的只数是 n 只时，该怎么唱？

生：n 只青蛙 n 张嘴，$2n$ 只眼睛 $4n$ 条腿，扑通 n 声跳下水.（学生很快

就说出来了）

游戏导入课堂，趣味性强，参与性强，能快速吸引学生的注意力，激发学生的学习兴趣.

5. 视频播放动画短片的方法

有些抽象的数学知识，学生无法理解，此时，就可以采用动画演示的方法，使其变得形象、具体，容易理解. 例如：在教学直线、射线、线段的概念时，在创设情景时，就可以采用动画演示一条线段向两边无限延伸的方法，以吸引学生的注意力，激发学生的学习兴趣，同时学生也容易理解直线的概念了. 又比如，在教学平行四边形的性质时，也可以采用动画演示，让学生用眼看清平行四边形的对边相等.

这就是我在教学中常用的几种情景创设导入法. 不管哪种导入法，都要注意以下几个问题：

（1）目的性. 情景创设是带着问题、目的的，是为教学任务服务的.

（2）现实性. 情景创设是把学生的生活经验与数学知识相结合.

（3）积极性. 情景创设的首要任务是调动学生学习的积极性、求知欲.

6.2 情境创设在初中数学法则课堂中的运用

《义务教育数学课程标准（2011 年版）》中指出："现实生活是数学的源泉，数学问题是现实生活数学化的结果. 有意义的学习一定要把数学内容放在真实且有兴趣的情境中，让学生经历从生活问题的自然语言逐步抽象到数学问题." 数学情境是产生数学概念，发现数学问题，提出数学问题和解决数学问题的背景和前提，也是学生初步感受数学问题的基础和条件. 创设有效的数学情境，就是呈现给学生刺激的、有意义的数学信息，以引起学生学习数学的兴趣，激发学生学习的好奇心和求知欲，从而使其观察问题、分析问题、发现问题、提出问题，并最终探究归纳为解决问题. 那么，在初中数学课堂教学中，怎样创设情境进行教学呢？

1. 导趣引思，创设引入新课情境

创设使学生在认识上产生矛盾和冲突的问题情境，能够激发学生求知的心理状态，使学生产生迫切的学习需要，上课伊始就能吸引学生的注意

力和兴趣，促使学生主动思考，达到事半功倍的效果. 比如，在讲解“有理数的乘方”新课时，可以以“印度国王奖赏象棋发明家的故事”为素材，设置问题情境来引入新课，从而发现规律，并让学生尝试“以此类推，第五个、第六个格子中应放多少粒麦子”，再列出计算第 64 个格子中麦粒数的算式. 以此来引入新课，增加了趣味性，满足了学生的好奇心，学生立刻就集中了注意力，从而使学生在观察、思考、尝试、列式中，感受到有学习新知的必要性，继而形成稳定的学习兴趣和强烈的求知欲望，并依据问题与故事中麦粒的放置规律，引发联想，使学生的思维迅速活跃了起来，使学生的全部心理活动都参与到这节课的学习中.

2. 联系实际生活，创设初中数学课堂情境教学

初中数学的很多教学内容都可以联系生活实际，因此，教师要找准教材内容与学生生活实际的切入点，利用学生熟悉的生活实践和规律，让学生产生一种熟悉感、亲切感，从而调动学生学习的兴趣和参与学习的积极性. 如：在教学人教版教材九年级上册第二十五章“概率初步”时，我就利用抽签、掷硬币、摸黑白棋子、转盘、扑克等学生生活中常见的、玩过或知道的物体来分组并按要求让学生做游戏，让学生在游戏中演示教材的所学知识内容，理解概率及其有关概念，掌握概率的三种求法，并体会游戏双方的获胜情况. 通过计算，学生会把这种感性认识转化为理性认识. 我再通过创设体育彩票、天气预报等情景对学生所学知识进行补充和延伸，此时，学生掌握这一部分内容也就容易了. 将生活情景在课堂教学中运用，学生会感受到生活中处处有数学，从而喜欢数学，爱学数学.

3. 创设数学问题情境，促进课堂教学

希尔伯特说过：“数学问题是数学的灵魂.”康托尔也说过：“在数学领域中，提出问题的艺术比解答问题的艺术更为重要.”创设数学问题情境是新教材的特点，也是新课标的要求. 学起于思，思起于“疑”，“问题”是激活或唤醒思维的刺激因素. 问题情境的呈现引发了学生的兴趣，调动起学生的积极性和主动性，特别是激发学生头脑里一系列的加工活动.

4. 利用多媒体，创设初中数学课堂情境教学

多媒体教学是近年来较为流行的，也是较为直观有效的一种课堂教学辅助手段，初中数学教材中有很多内容都适宜使用多媒体辅助教学. 例如：在教学人教版教材九年级上册“二次函数”图象时，我运用课件来表示其图象与二次项系数 a、一次项系数 b 和常数项 c 之间的关系等，学生能清晰地看清图形的变化与系数的关系，知道 a 决定抛物线的开口方向和大小，c 决定抛物线与 y 轴交点的纵坐标，从而总结出图象的特征与平移规律等. 这在黑板上很难表现出来的东西通过多媒体就很容易表现出来. 如：我在教学“梯形”一节时，从搜集梯形图片开始，到研究等腰梯形的性质为止，时间和空间跨度都较大，这是用其他方式不可能完成的，然而运用多媒体这一现代教学手段就能很轻松地完成这一任务. 借助多媒体教学手段，创设了教学情境，使在其他时间、其他地点发生的事情都可以在需要时展现出来. 通过这种形式，能激起学生的求知欲望和创新意识，使教学效果大大提高.

5. 运用直观教学用具，创设初中数学课堂情境教学

初中学生对事物的认识是较为直观的，他们也希望一看就懂、一学就会. 然而，数学往往并不那么直观，其教学更是一种抽象的逻辑思维和想象思维的演变和推理. 因此，教师就应千方百计地、想方设法地使数学直观、简化，同时精心设计其知识的呈现方式. 例如：在教学人教版九年级上册第二十四章“圆锥的侧面积”时，我事先做好了两个全等扇形，用其中一个围成圆锥的侧面，让学生观察并发现扇形的弧长和半径与圆锥的底面圆周长和母线长之间有什么关系？在教学人教版教材九年级下册第二十九章“投影与视图”中的“三视图”时，我事先让每个学生按规格叠好 10 个正方体，上课时，引导学生从不同方向看，得到不同的平面图形，帮助学生理解什么是主视图、左视图和俯视图. 然后，让学生用透明胶带将自己制作的正方体选择几个黏合在一起，放在桌子上，再从不同的方向看，体会其三视图的含义及画法. 之后，让学生交叉使用. 其次，用十合粉笔做演示，让学生进一步观察体会. 最后，再补充立体图形及其三视图之间的关系，让学生直观地理解，并从不同的方向看，以得到不同的平面图形.

在教学三角形的稳定性和四边形的不稳定性时，通过三角形和四边形模型的演示，学生直观地了解了相关知识，也就会很自然地理解了一些如拉闸门为什么要用四边形而不用三角形的基本原理了. 通过这种直观教学用具的演示，学生的兴趣不但被激活，纷纷投入到探索研究之中，而且在动手操作中，学生会发现连教师也无法预料的东西. 也正是通过动手实践、动脑自主探索与自主交流的学习方式，才让学生获取了知识，锻炼了操作能力，训练了观察能力和综合思维能力.

6. 以人为本，创设评价教育情境

新课程标准突出了以人为本的教育教学理念，更关注人的发展. 因此，在平时的教学中，教师要通过对学生数学学习的行为、态度和所取得的进展的判断，积极创设评价教育情境，使学生正确认识自己，以增强学生学习数学的自信心，获得真实的成就感.

例如：已知关于 x 的一元二次方程 $k^2x^2+2(k-1)x+1=0$ 有实数根，求 k 的取值范围.

对于此题，学生经常犯这样的错误：因为方程有实数根，所以 $\Delta\geqslant 0$，从而得 $k\leqslant\frac{1}{2}$. 对于这样的解答，教师若这样评价："你把 $k\neq 0$ 这个条件漏了，不符合一元二次方程的定义，"显然缺少鼓励与启发. 为此，改为如下的评价："你得到了答案的一半，思路也很清楚，再想想，当 $k\leqslant\frac{1}{2}$ 时，能否有 $k=0$，为什么？"这一评价内容的改变，既增添了鼓励的成分，又指出了回答的不足，同时还暗示了思考的方向，显然较原来的评价更能激发学生的学习热情和信心.

7. 画龙点睛，创设课堂小结情境

在数学课堂教学中，新课导入、新课讲解、课堂练习固然重要，但课堂小结同样不可忽视. 如果课堂小结恰到好处，可以收到锦上添花的效果，使整个教学过程更加完美. 例如，在讲解"垂直于弦的直径"第一课时，课堂小结只有两句话. 即"本堂课我们学习了一个定理（垂径定理），发现了一种方法（作垂直于弦的直径为辅助线来解有关弦的问题）."这样的小结耐人寻味，只需寥寥数语，就归纳了本节课所学的知识，起到了画龙点

睛的作用，便于学生掌握数学思想方法.

总之，在初中数学教学中，教师要创设情境，促使学生积极参与课堂活动，这样学生才能有更多机会表现自我. 课堂上要多给学生一点时间和空间，让学生尽量多说、多想、多做. 要让学生有充分表现自己的机会，使学生感受到数学的美，感受到数与形的协调，体验和享受成功的快乐，成为学习的真正主人. “人的心灵深处，都有一种根深蒂固的需要，就是希望感到自己是一个发现者、研究者、探索者.” 因此，教师要尊重学生的主体性，要精心设计知识的呈现方式，营造良好的学习氛围，让学生置身于一种探索问题的情境中，从而激发学生的学习兴趣，挖掘他们的创新潜能，锻炼他们的实践能力，培养他们的探索精神和创新能力，为学生的可持续发展打下坚实的基础.

6.3 “合并同类项”案例分析

一、主题

新知识的学习应建立在学生已有的认知发展水平上，因此，从学生已有的生活知识经验出发，通过观察、思考、讨论，把几个代数式进行分类，从而引出同类项概念，同时理解同类项的定义以及满足同类项的条件. 合并同类项是“乘法分配律”的延伸和拓展，合并同类项是式的运算，可类比“乘法分配律”中数的运算来学习. 通过引导学生类比数的运算来进行式的运算，利用关于数的分配律对式子进行化简，充分体现“数式通性”. 让学生体会由数到式、由具体到一般的思想方法，以及体会数学来源于生活，又作用于生活，从而激发学生学习数学的兴趣.

二、背景

合并同类项是学生在学习了用字母表示数、单项式、多项式以及有理数的基础上，对同类项合并、探索、研究的一节课程. 其法则的应用是整式加减的基础，也是以后学习解方程、解不等式的基础. 这节课与前面所学的知识有着千丝万缕的联系，合并同类项的法则是建立在数的运算基础之上的；在合并同类项过程中，要不断运用数的运算. 即合并同类项是有理数运算的延伸与拓展，是简化数学运算的常用方法，对于解决一些实际问题和进一步学习有着深远的意义.

三、情景与过程

（一）创设情景，引入课题

问题：请问同学们，文具商店一般是怎么摆放商品的？为什么？

抽两位学生回答，然后教师总结，并追问：我们数学中也有这样的分类问题吗？这就是今天我们要学的内容. 从而引出课题：合并同类项.

设计意图：知识来源于生活，又服务于生活. 分类是日常生活中常见的问题，由分类引出同类项的概念，顺理成章. 通过观察、思考、分析和归纳来识别同类项的特征，为合并同类项做准备.

（二）师生交流，合作探究

活动一：观察单项式：$3x^2y$，$-4xy^2$，-3，$5x^2y$，$2xy^2$，5，把其中具有相同特征的项归为一类，你是怎么分类的？

“物以类聚，人以群分”，我们常常把具有相同特征的项归为一类. 同学们，你们认为上述单项式中哪些项可以归为一类？为什么？可分为几类？给出一定的时间，让学生通过观察、思考、交流和归纳得出：$3x^2y$ 与 $5x^2y$ 可归为一类，$-4xy^2$ 与 $2xy^2$ 可归为一类，-3 与 5 也可归为一类，共分为三类. 其中，$3x^2y$ 与 $5x^2y$ 中只有系数不同，各自所含的字母相同，都是 x,y，并且 x 的指数都是 2，y 的指数都是 1；$-4xy^2$ 与 $2xy^2$ 也只有系数不同，各自所含的字母相同，都是 x,y，并且 x 的指数都是 1，y 的指数都是 2. 这是同类项的特征：所含字母相同；相同字母的指数也分别相同，从而引出同类项概念.

活动二：由学生归纳得出同类项的概念及特征.

教师板书：

1. 同类项的特征：所含字母相同；相同字母的指数也分别相同.

2. 同类项概念：所含字母相同，相同字母的指数也分别相同的项，叫做同类项.

几个常数项也是同类项.

想一想：

1. 下列各式中具有上述特征吗？它们是不是同类项？

（1）$10a$ 与 $20a$；（2）$-9x^2y^3$ 和 $5x^2y^3$；（3）$4m^2n$ 和 $-4nm^2$；

（4）$4abc$ 与 $4ac$；（5）mn 与 $-mn$；（6）2^3 与 4^2.

2. 如果 $3x^ny^2$ 与 $4xy^m$ 是同类项，则 $m=$ ________，$n=$ ________.

注意：（1）同类项与字母顺序无关；

（2）同类项与系数无关.

设计意图：强化同类项的特征，加深学生对同类项概念的理解，让学生感受收获知识的喜悦. 识别同类项是本节课的关键，是重点内容之一，是合并同类项的基础和需要.

活动三：乐乐一家去肯德基店：爸爸吃 2 个汉堡包、1 个鸡翅，1 杯可乐. 妈妈吃 1 个汉堡包、2 个鸡翅，1 杯可乐. 乐乐吃 1 个汉堡包，1 个鸡翅，1 杯可乐. 如果让乐乐去买这些东西，他怎样对服务员说呢？

乐乐说：我买______个汉堡包，______个鸡翅，______杯可乐.

同学们回答了上面的问题，得出共同结论：现实生活中为了方便，往往要对事物进行分类，同时同一类的东西可以合并在一起.

设计意图：新问题能引起学生的兴趣，激发学生探求新知的欲望，让学生带着问题去探究合并同类项的方法和依据.

探究 1：

（1）运用有理数的运算定律计算：

$8n+5n=(8+5)n=13n$.

$100\times2+252\times2=(\_\_\_\_\_\_\_\_)\times2=\_\_\_\times2$.

$100\times(-2)+252\times(-2)=(\_\_\_\_\_\_\_\_)\times(-2)=\_\_\_\_\_\times(-2)$.

（2）根据（1）题中的方法完成下面的运算，并说说其中的道理.

$100t+252t=(\_\_\_\_\_\_\_\_)t=\_\_\_\_\_\_\_\_t$.

探究 2：

填空：（1）$100t-252t=(\_\_\_\_\_\_\_)t=\_\_\_\_\_t$.

（2）$3x^2+2x^2=(\_\_\_\_\_\_\_)x^2=\_\_\_\_\_x^2$.

（3）$3a^2b-4a^2b=(\_\_\_\_\_\_\_)a^2b=\_\_\_\_\_a^2b$.

设计意图：让学生先独立完成，再分组讨论，并通过类比数的运算，探究式的运算. 让学生体会有理数的运算定律在整式运算中同样适用，并从中找到合并同类项的方法依据. 体验探求规律的思想方法，以及合作的愉快、成功的喜悦.

练习 1：判断下列合并是否正确，错误的要改正.

（1）$5x^2+6x^2=11x^4$.　　（2）$5x+2y=7xy$.

（3）$5x^2-3x^2=2$.　　（4）$16xy-16xy=0$.

练习 2：仿照式子 $2a+3a=(2+3)a=5a$ 计算：

（1）$2x-3x=$　　　　　　　　　　　　（2）$-2x-3x=$

（3）$-2m+3m=$　　　　　　　　　　　（4）$-5y-4y=$

设计意图：让学生在理解和适当记忆合并同类项法则后，尝试进行两项的合并练习，熟悉法则并对合并时的符号有所把握.

活动四：

用不同记号标出下列各多项式中的同类项，并合并同类项：

（1）$4x^2+2x+7+3x-8x^2-2$；　　　（2）$-3x^2y+2x^2y+3xy^2-2xy^2$；

（3）$4a^2+3b^2+2ab-4a^2-4b^2$.

给出一定的时间让学生思考、讨论和计算，最后师生共同完成解题过程，总结解题步骤.

步骤：（1）找：找同类项.

（2）移：移动同类项.

（3）合：合并同类项（系数相加减，字母部分不变）.

设计意图：做标记是为了让学生做到不重不漏，进一步区分不同的同类项，继而合并同类项，加深对合并同类项方法的理解.

练习 3：（1）$a-3m+2a+2m$；　　　（2）$5x-y-2x+2y$.

提问：在我们合并同类项的过程中，哪一类容易出错？谁有好的方法能有效降低错误率？如 $a-3m+2a+2m$.

能有效降低错误率的方法有：

（1）还原成加法：

原式 $=a+(-3m)+2a+2m=(a+2a)+[(-3m)+2m]=3a-m$.

（2）正在前，负在后：

原式 $=a+2a+2m-3m=(a+2a)+(2m-3m)=3a-m$.

（3）用生活意义去理解：$-3m$ 表示减 $3m$，$2m$ 表示加上 $2m$，合起来最后效果为减去 m，即 $-m$.

设计意图：通过对学生此类问题的错误预设，知道学生在此处可能要出错，让做对的学生介绍其正确方法，能有效减少错误，并提高本节课的课堂学习效率，同时调动学生学习的积极性，树立学生的自信心.

练习 4：当 $x=-2$ 时，求多项式 $3x^2+4x-2x^2-x+x^2-3x+1$ 的值（学生板演）.

设计意图：通过学生的观察、讨论和比较，最后得出：这类题目是要先合并多项式中的同类项，再将数值代入求值，这样可以使计算简便.

（三）小结

通过同学们的研讨我们发现，一个数学概念的引入往往是运算的需要，或者是问题的需要. 因此，要学好数学知识，首先就应该养成观察与思考的习惯，其次应逐步形成透过现象看本质的思维品质.

1. 同类项必备的条件：

（1）所含字母相同；

（2）相同字母的指数分别相同.

2. 只有同类项才能合并，不是同类项的不能合并.

3. 合并同类项时，只合并系数，字母与字母的指数不变.

4. 在求代数式的值时，可先合并同类项将代数式化简，然后再代入数值计算，这样往往会简化运算过程.

（四）作业

课本 91 页习题 3.5 第 1 题全部，第 2 题的第（1）小题.

（五）板书设计

合并同类项

1. 同类项的特征：

（1）所含字母相同.

（2）相同字母的指数分别相同.

2. 合并同类项法则：把同类项的系数相加，字母和字母的指数保持不变.

3. 合并同类项的依据：乘法分配律.

4. 例题讲解：

（1）$4x^2+2x+7+3x-8x^2-2$；

（2）$-3x^2y+2x^2y+3xy^2-2xy^2$.

5. 总结系数异号时有效降低错误率的合并方法.

四、结论

在学习过程中，让学生自己经历探索与交流的活动，自主得到同类项的概念. 通过类比数的运算，探究式的运算，并利用数的分配律观察并归纳出合并同类项的法则和依据. 让学生经历“活动—探索—合作—交流”的过程，培养了学生的团结协作及勇于探索的精神.

五、启示

通过本节课教学可以得到以下几点启示：

1. 在整堂课的教学活动中充分体现了学生的主体性. 向学生提供充分参与数学活动的机会，帮助他们在自主探索和合作交流的过程中真正理解和掌握基本的数学知识与技能，以培养学生动手、动口、动脑的能力以及合作交流能力.

2. 教学方法是类比式的教学方法以及师生共同讨论、探究. 在课堂上运用实际例子，引发学生探索问题的兴趣，让学生在活跃的课堂气氛中探讨出知识的规律性，找到学习数学的乐趣.

3. 通过对结果中系数错误的降错处理，部分学生已经有意识地把减号统一成加号，避免符号出错，也有学生用第三种方法进行合并以检验对错，这个环节效果非常不错.

4. 本节课的不足之处在于，合并同类项时，部分学生对系数相加计算时还是容易出现符号的错误，随意添加括号符号出错的现象也较多，在代数求值时出现了漏掉括号的错误. 这与学生在第二章有理数的计算训练不到位、乘方意义的理解不到位以及粗心大意有关. 因此，对符号问题应采用生动化、活泼化教学，不能只局限于它是数学符号，这样才能使学生印象深刻. 另外，为了能让学生有更多的时间讨论和练习，最好是用多媒体教学，这样可以节约板书的时间，同时也能让老师有更多的时间融入学生的讨论中，以增进师生间的友谊与合作.

6.4 “同底数幂的乘法”案例分析

一、主题

同底数幂的乘法是在学习了有理数的乘方和整式的加减之后，为了学习整式的乘法而学习的关于幂的一个基本性质（法则）. 它是关于幂的三个性质中最基本的一个. 学好了同底数幂的乘法，其他两个性质和整式乘法的学习便容易了. 因此，同底数幂的乘法法则既是有理数幂的乘法的推广，又是整式乘法的重要基础，在本章的学习中具有举足轻重的地位和作用. 在教学方式上采用创设情境，教师的讲授与学生的尝试相结合；在学生学习方式上，采用接受式学习与活动式学习相结合. 对于法则的推导过程，我以问题的形式，引导学生先独立进行思考和探索，再通过交流、讨论，发现法则，以使学生的学习过程成为再发现、再创造的过程，并使学生在学习的过程中掌握学习与研究的方法，养成良好的学习习惯，从而学会学习，学会思考，学会合作，学会创新；而对于推导出的法则及其语言叙述，我则以一种较轻松而又富有挑战性的方式指导他们接受式记忆. 在整个教学中，分层次地渗透了归纳和演绎的数学方法，以培养学生养成良好的思维习惯.

二、背景

从学生的知识情况来看，一是指数概念早已学过，但由于时间和自身的原因，对指数概念中所含名称：底数、指数、幂的含义并不十分明确；二是以前学过的系数概念，增加了正确理解法则的难度；三是同底数幂的乘法法则容易与合并同类项混淆，这更给熟练掌握该法则增加了障碍. 从学生的能力和情感来看，通过一学期的培养，学生已由原来的被动接受式学习向主动探究式学习转变，但由于时间和经验的限制，还不够成熟，方法还欠灵活.

三、情景与过程

（一）回顾旧知，蓄势待发

1. 什么叫乘方？

2. 乘方的结果记作：a^n，a^n表示的意义是什么？其中a,n,a^n分别叫做什么？（教师引导学生用图示的直观形式指出底数、指数、幂.）

设计意图：底数、指数、幂的概念是理解同底数幂乘法的基础，而这些概念是在学习有理数的乘法时学过的，储存知识太长，学生可能遗忘，所以在此做适当的复习，可以为后续找规律做好铺垫.

（二）创设情境，引入新课

一种电子计算机每秒可进行 1 千万亿(10^{11}) 次运算，它工作 10^2 s 可进行多少次运算？

师：计算机的运算次数与哪些量有关？

生：运算速度、运算时间.

师：你们能列式计算吗？

学生讨论得出：$10^{11}\cdot 10^2$.

师：所列式子中的两个因数有何特点？

生：都是幂的形式.

师：我们再来观察底数有什么特点？

生 1：都是 10.

生 2；是一样的.

师：你能根据乘方的意义，解出上式吗？（教师引导学生独立完成后，简要讲解）

师：像这样底数相同的两个幂相乘的运算，我们把它叫做同底数幂的乘法.（揭示课题）教师板书：同底数幂的乘法（一）

设计意图：由现实中的实际问题入手，设置情景问题，激发学生的学习兴趣.

（三）合作交流，新知探究

1. 请根据乘方的意义填空，观察计算结果，你能发现什么规律？

（1）$2^3 \cdot 2^2$；　　（2）$a^3 \cdot a^2$；　　（3）$5^m \cdot 5^n$.

思考：观察上面三个式子的左右两边，底数、指数有什么关系？

2. 你能用符号表示你发现的规律吗？$a^m \cdot a^n =$ ________.

3. 你能将上面发现的规律推导出来吗？

教师引导学生独立完成，然后前后桌讨论，由 1 位学生上台板演推导过程.

4. 你能用文字语言概括出同底数幂乘法的运算性质吗？

____________幂相乘，底数__________，指数__________.

5. 诵读法则并思考：运用法则的条件是什么？

教师板书：同底数幂的乘法法则：同底数幂相乘，底数不变，指数相加.

设计意图：关于法则的探究过程，让学生在幂的意义基础上，开展独立探索和交流对话，不但使学生体会到知识的形成过程，而且还体会到从特殊到一般的数学归纳方法. 然后剖析法则，突出法则应用的条件.

（四）应用新知，体验成功

1. 下列各式能不能运用法则进行计算，为什么？

（1）$a^3 \cdot a$；　（2）$a^3 \cdot b^3$；　（3）$a^m + a^n$；　（4）$x^3 \cdot x^n$.

2. 下面的计算对不对？如果不对，应怎样改正？

（1）$a \cdot a = 2a$；（2）$a^m \cdot a^2 = 2a^{m+2}$；（3）$b^2 \cdot b = b^3$.

3. 计算下列各题：

（1）$x^{2a} \cdot x^b$；　（2）$x^{n-1} \cdot x$；　（3）$(a+b)^3 \cdot (a+b)^2$；　（4）$2^{3n} \cdot 2^{12}$.

此环节由学生独立完成，并点名回答，然后由其他同学点评，老师发挥引导作用.

设计意图：加深学生对同底数幂的乘法法则的理解，特别是它的应用前提要满足两个条件：同底、相乘，以进一步巩固学生对同底数幂的乘法法则的应用能力；同时，培养学生的独立思考能力和语言表达能力，让学生学会倾听.

4. 归纳：根据以上各题，你认为在运用同底数幂的乘法法则中，需要注意哪些方面？

（1）必须具备同底、相乘两个条件.

（2）同底数幂相乘时，底数不变，指数相加.

（3）底数为负数时，先用同底数幂的乘法法则计算，最后确定结果的正负.

（4）不能疏忽指数为 1 的情况.

（5）公式中的 a 可为一个有理数、单项式或多项式（整体思想）.（师生共同完成）

（五）新知拓展，巩固提升

1. 想一想：当三个或三个以上同底数幂相乘时，是否也具有这一性质呢？怎样用公式表示？

$a^n \cdot a^n \cdot a^n =$ ______________.

2. 思一思：同底数幂的乘法公式：$a^n \cdot a^m = a^{n+m}$.

同底数幂的乘法公式的逆运算：

可以由等式的右边得到左边吗？ $a^{n+m} =$ ______________.

3. 如果 $a^n = 8, a^m = 7$，则 $a^{5n+7m} =$ ______.

4. 已知：$a^n = 4, a^3 = 7$，求 a^{3n+6} 的值.

设计意图：提高学生应用同底数幂的乘法法则解决相关问题的能力.

（六）梳理小结，盘点收获

今天我们发现、归纳并运用了一个新的法则.

1. 法则的内容是什么？

2. 我们是怎么发现和归纳这个法则的？

3. 在运用法则过程中要注意什么？

设计意图：复习巩固、提升总结本节课的知识点，使学生学会总结反思.

（七）布置作业

1. 课本第 96 页练习，第 1～4 题（4 选 2）.

2. 同桌之间，每人用今天学到的知识出一道题让同伴解答. 看谁题出得最好，又看谁解答得最棒.

设计意图：分层作业，使“人人都能获得良好的数学教育，不同的人在数学上得到不同的发展”. 第 1 题是帮助学生巩固基础知识和基本技能；第 2 题是为学有余力同学设置的，主要是培养学生的综合运用能力.

四、结论

使学生初步理解“特殊——一般—特殊”的认知规律和辩证唯物主义思想，体味科学思想方法，接受数学文化的熏陶，激发学生的探索创新精神.

五、启示

1. 本节课学生的探究活动比较多，教师既要全面把握，又要顺其自然，千万不可拔苗助长，为了后面多做几道练习而人为的主观截断时间安排. 其实，规律（公式）的探究活动本身既是对学生能力的培养，又是对公式的识记过程，而且还可以提高他们应用公式的本领. 因此，对这一过程，不但不可以省，而且还要充分挖掘，以使不同程度的学生都有事情做而且乐此不疲，更加充分地参与其中. 对于这一点，教师一定要转变观念.

2. 在同底数幂乘法公式的探求过程中，学生表现出观察角度的差异：有的学生只是侧重观察某个单独的式子，把它孤立地看，而不知道将几个式子联系起来看；有些学生既观察入微，又统揽全局，表现出了较强的观察力. 教师要善于抓住这个契机，适当地对学生进行学法指导，以培养他们“既见树木，又见森林”的优良观察品质.

3. 对于公式使用的条件，既要把握好“度”，又要把握好“方向”. 对于公式中的字母指数的取值范围，不必过分强调（实际上，这个范围限定的太小了）；而对于公式的特点，则应当左右兼顾，特别是公式的左边，它是正确应用公式的前提，然而往往不被重视，结果造成几个类似公式的混淆，给正确解题设置了障碍.

4. 教无定法，教师应根据本班的实际情况灵活安排教学步骤，切实把关注学生的发展放在首位来考虑，并依此制订合理而科学的教学计划. 如，对于较好的班级，则可以优先发展，采取居高临下的教学思路，先整体把握再对比击破，或是将其纳入整体结构系统，采取类比的方式学习；而对于基础较薄弱的班级，则应以提高学生的学习兴趣、教会学生学习、培养学生的成功体验为主，千万不可拔苗助长，以防物极必反.

总体来讲，我在教授中深刻地体会到新教材与以往教材的不同，新教材中以学生为本的教学理念始终贯穿本课.利用多媒体教学方式，新颖、有效，学生的学习积极性有较大提高，学习效果好，使得原本枯燥的、抽象的纯数学的东西通过与实际联系，变得有趣、易懂，从根本上改变了过去那种填鸭式的教学方法.这种教学方式不但使学生掌握了课本上的知识，还使学生加强了对日常事务的观察分析的能力，真正使教学提高到培养学生能力的层面上来.但是这对教师自身素质的要求很高.当今的学生通过各种媒体对世界的认识和了解较多，在互动教学中如不注重对学生的引导（特别是思想上的），要教好学生就不会那么容易.也只有自己不断地学习、充实，才能把新教材教好.

第 7 章

初中数学复习课教学研究

7.1　初中数学复习课教学策略

7.1.1　复习课的特点

1. 知识的归纳整理

无论是哪一种类型的复习课，都要将所学的有关知识进行归纳和整理，即进行纵、横向的归类，进而对知识进行系统的整体综合，形成结构化的知识.

2. 知识的迁移训练

复习不是简单的重复，其最终目的在于培养和提高学生运用知识、解决问题的能力. 因此，在复习过程中，要加强知识的迁移训练，以培养学生举一反三、触类旁通、运用所学知识解决问题的能力.

7.1.2　复习课教学原则

1. 自主性原则

在复习过程中，要充分发挥学生的自主性，让学生积极、主动参与到复习的全过程中，特别是要让学生参与归纳、整理的过程，不要用教师的归纳代替学生的整理. 在复习中要体现：（1）知识让学生梳理；（2）规律让学生寻找；（3）错误让学生判断. 这样可以充分调动学生学习的积极性和主动性，激发学生学习的兴趣.

2. 针对性原则

复习必须突出重点，针对性强，注重实效. 在复习过程中，一是要注意全班学生的薄弱环节；二是要针对个别学生存在的问题. 因此，要紧扣知识的易混点、易错点设计复习内容，做到有的放矢，对症下药.

3. **系统性原则**

在复习过程中，必须根据知识间的纵横联系，系统规划复习和训练内容，使学生所学的分散知识系统化.

4. **发展性原则**

复习要重温已学过的知识，但这种重温不是简单的重复，而应在原有知识的基础上提高和发展，同时向外延伸拓宽，方法要灵活.

7.1.3 复习课的目的

（1）查缺补漏（精设习题）.

（2）建立联系（找准抓手）.

（3）提炼方法（学有所得）.

（4）开阔思维（发展能力）.

7.1.4 复习课教学目标

（1）对本专题知识进行系统整理，形成知识网络，完善认知结构.

（2）掌握本专题的主要应用题型，归纳总结解题规律与方法.

（3）查漏补缺，解决本专题中学生存在的疑难问题.

（4）运用所学知识对主要题型能举一反三、延伸拓展，提高学生分析问题与解决问题的能力.

7.1.5 复习课的重点、难点

本专题的复习内容要条理化、系统化，掌握主要题型应用的规律方法，巩固深化基础知识，培养学生的解题能力. 夯实基础，把握双基（基础知识、基本技能），系统复习各单元知识结构中的主要知识点，理顺知识结构之间的网络联系，对每章节需要掌握的知识点用学生容易记忆的语言总结，做到主要知识加强练、易混知识对比练、相关知识结合练.

7.2 数学复习课教学的有效性研究
——“实际问题与一元一次方程”课例研究

一、教材分析

本节知识属于初中数学七年级第三章内容. 实际问题与一元一次方程

是初中数学的重要内容之一. 一方面，这是在学习了解一元一次方程的基础上，数学知识与生活实际的结合；另一方面，它又为今后学习二元一次方程组、一元二次方程、不等式、函数等知识的应用奠定了基础. 我认为，列方程解应用题是方法教学，不应局限于问题类型. 本节以图示为线索探寻应用题中的等量关系，以提高学生分析问题的能力，这对今后学习有着重要的启示作用.

二、学情分析

课标要求本学段学生初步学会综合运用数学知识和方法，能体会数学的基本思想和思维方式，上好复习课对此意义重大. 在教学中，我看到教师普遍的做法是罗列知识点或进行大量试题训练，学生负担重，教学效果不理想. 为此，我围绕我们的研究主题“线索复习”，挖掘解应用题的一般方法；以表格作为复习线索，尝试解决各种应用题型，让学生学会使用表格分析应用题中的数量关系，通过复习完成从知识到能力的提升.

三、针对性学习

在实际问题与一元一次方程教学中，站在培养学生解决问题的高度评价，加强该部分知识复习是具有非常重要意义的，同时让学生在复习中有所提高也是复习的一个重要作用. 我参考网上的各种教学设计时发现，针对性学习多以应用类型题展开教学，他们把实际问题分成工程问题、数字问题、人数分配问题、行程问题、打折销售问题、利息问题，等等，这样做虽然便于学生寻找等量关系，但也增加了学生的记忆负担，需要大量的针对性训练才能熟练掌握. 为此，在教学设计中我想到列一元一次方程解应用题的关键是寻找等量关系，这也是学生的难点，那么我能不能通过建模思想来解决实际问题呢？于是就产生了这一节复习课.

四、预设方案

期望通过教学达到以下目标：

1. 巩固一元一次方程解应用题的一般步骤.

2. 理解利用表格分析应用题的方法.

重点：学会找出应用题中的等量关系.

难点：学习用表格法找等量关系.

为达成以上目标，本节教学围绕研究主题，紧抓复习线索，以不同类型的应用题，让学生学会使用表格分析复杂问题中的数量关系.

我在设计本节课教学时以低起点、重方法、轻类型为主. 而学生在学习中要细心体会表格法在解应用题时的价值，以及怎样使用表格法分析问题，并有意识地锻炼自己使用这一方法分析问题.

五、阅读方法指导

点信息，划精要，圈疑问.

一边读一边做标识，一边读一边做评注，一边读一边做概括.

六、教学过程

新课标指出，数学教学过程是教师引导学生进行学习活动的过程，是教师和学生间互动的过程，是师生共同发展的过程. 为有序、有效地进行教学，本节课我主要安排以下教学环节：

（一）课前知识准备

1. 列方程解应用题的一般步骤：审______、设______、找______、列______、解______、检______、<u>作答</u>.

2. 解应用题的常用解法：<u>列表分析法</u>、<u>图解分析（如画线段图）</u>.

3. 设未知数的技巧和方法：______、______.

4. 常见几种应用题类型的基本量及等量关系：

航行问题：顺流速度＝<u>船在静水中的速度</u>＋<u>水流速度</u>；

逆流速度＝______－______；

配套问题：<u>配套物品之间的数量关系</u>是列方程的重要依据；

工程问题：工作量＝______×______；

利润问题：______＋______＝售价.

方案选择：找收费相等的界点.

自己补充：

______

设计意图：从学生已有的知识体系出发，有利于引导学生顺利地进入学习情境，这样可以给学生自由补充的空间，以充分发挥学生的主观能动性.

（二）创设情景

我校七年级全体师生计划到校外参加一次社会实践活动，行程安排如下：1. 乘车到码头；2. 坐船去环球服装厂；3. 服装厂参观.

我们在活动中会遇到哪些生活中的问题呢？推选一名播报员，向大家播报“帮助信息”. 让我们一起出发，你们准备好了吗？

设计意图：创设一个问题情景，让学生在轻松和谐的环境中学习.

（三）研讨——合作探究

任务驱动：从学校出发，乘坐交通工具，帮助完成任务 1：

若全体师生乘 A 型客车出发，每车坐 30 人，则有 15 人无位置可坐；若乘 B 型客车，每车坐 27 人，需比 A 型车多一辆，且刚好坐满. 问有多少辆 A 型车？

分析：1. 本题有哪几个基本量：__________；关系：__________.

2. 这些基本量中，已知量是什么？哪些量不明确？你打算设什么？

根据前面的分析，完成下表：

方法 1：采用直接设法. 设需要的 A 型车为 x 辆，则需要 B 型车(_____)辆，表格分析：

出行方式	人数/辆	车辆数量	人数
A 型车		x	
B 型车			

有“不变量”吗？__________；相等关系：__________；

根据题意得：__________；解得：__________.

答：__________.

你还有其他方法吗？

方法 2：采用间接设法.

表格分析：

出行方式	人数/辆	车辆数量	人数
A 型车			
B 型车			

解：设__________；相等关系：__________；

根据题意得：__________.

设计意图：通过对本题的分析，希望让学生初步体会在实际问题中，如何审题，以及如何从烦琐的题目文字中提炼出有用的信息. 还有，如何把实际生活问题转化为数学问题，用数学思想去解决实际问题，建立起分析应用题的一般模型.

任务驱动：坐船到工厂参观，帮助完成任务 2：

师生来到上游码头，得知一条船刚从环球制衣厂逆水返回用了 2.5 h，顺流而行需用 2 h 可到达；若船在静水中的速度是 30 km/h，途中看见一纸船沿河流漂流而下，你能否求出纸船的漂流速度.

分析：1. 本题有哪几个基本量：__________；关系：__________.

2. 这些基本量中，已知量是什么？哪些量不明确？有“不变量”吗？你打算设什么？

根据前面的分析，完成下表：

方法 1：采用直接设法.

表格分析：

	时间	速度	路程
顺水			
逆水			

设______________________，相等关系：______________________；

根据题意得：______________，解得：______________.

答：________________________________.

你还有其他方法吗？

方法 2：采用方法间接设法.

表格分析：

	时间	速度	路程
顺水			
逆水			

相等关系：________________；根据题意得：____________.

解：________________，

反思：（解应用题的分析方法和技巧）：________________________.

设计意图：进一步熟习分析方法，利用表格法直观地反映出已知量和未知量之间的关系，使学生感受到表格法化难为易的作用.

（四）加强训练

任务驱动：到工厂参观，帮助完成任务 3：

大家来到环球制衣厂，加工车间有工人 54 人，每人每天可加工上衣 8 件或裤子 10 条. 应怎样合理分配人数，才能使每天生产的上衣和裤子配套？

分析：1. 本题有哪几个基本量：__________；关系：__________.

2. 这些基本量中，已知量是什么？哪些量不明确？你打算设什么？

根据前面的分析，完成下表：

方法 1：采用直接设法. 设____________________，

表格分析：

	人数	每人每天生产数量	生产总数量
上衣			
裤子			

相等关系：______________；根据题意得：______________.

解得：________________；答：__________________.

你还有其他方法吗？

方法 2：采用方法间接设法.

表格分析：

	人数	每人每天生产数量	生产总数量
上衣			
裤子			

相等关系：______________ 根据题意得：________________.

解：________________________.

（五）小结归纳，内化方法

若不能把解题过程归纳成方法，学生的学习也只能停留在一道题的解答上. 本节课如果只让学生总结而不归纳可能还是就题论题，所以教师要站在方法的高度来教学.

（六）对应训练，巩固方法

任务驱动：帮助完成任务 4：

因设计更新，需要在服装上增加一个装饰品，一名工人做需要 48 h 完成. 如果先安排一部分人做 5 h，因其他工作调走了 3 人后，又做了 6 h，才完成全部工作，问：先安排了多少人工作？

设计意图：本节课例题多、难度大，练习不宜过深、过多，所以我选择了此问题，这也是学生应该掌握的重要类型.

（七）小结反思

我的收获……　我的困惑……

（八）布置作业，强化方法

任务驱动：服装销售，帮助完成任务 5：

工厂计划把生产的服装，以每件 120 元直接销售给商场，请问：这种服装的生产成本应为多少元，才能保证利润率为 20%？

任务驱动：返回学校，帮助完成任务 6：

因一辆客车临时有事，不能按时送同学们返校，于是决定让一部分师生先走，且以 60 km/h 速度前进. 走了 40 min 后，其余同学乘坐另一辆客车以 100 km/h 的速度按原路追上去. 问：客车用多长时间可以追上先行的师生队伍？

任务驱动：班长的疑问，帮助完成任务 7：

客车在公路上匀速行驶，细心的班长发现每隔一段时间看到的里程碑上的数如下：

时刻	12:00	13:00	14:30
碑上的数	是一个两位数，数字之和为 6	十位与个位数字与 12:00 时所看到的正好颠倒了	比 12:00 时看到的两位数，其中间多了个 0

班长 12:00 看到的数是什么？

作业要求学生主动使用表格法. 题有两问，层层递进，用好图示将能很快找到解题思路.

七、效果展望

本节课是一元一次方程与实际问题的复习课，我从理念上紧抓教研主题，提炼复习线索；从方法上以表格法为线索展开应用题复习，避免将应用题分类型学习，导致学生在学习上机械模仿，缺乏灵活性. 我从分析问题的方法上开展教学，应该是本节课的一个创新，同时表格法作为一种分析方法在教学中单独提出来也是特别重要的.

从效果上我期望学生能轻松理解应用题的解法，不过学生缺少用表格分析问题的习惯，通过这次教学要让学生不只停留在感受到其益处之上，而应学会怎样设计和使用表格把已知和未知表示出来，从而寻找等量关系，这还有待于加强练习.

7.3 数学复习课教学的有效性研究
——“用一元二次方程解决面积问题”课例研究

一、教材分析

生活中不少实际问题的解决都要用到方程的知识. 在学习本节课之前，学生已经学会了用一元一次方程、二元一次方程（组）解决实际问题，所以本节课对学生来说并不陌生. 本节内容是运用一元二次方程分析解决生活中的实际问题：面积问题. 通过本节课的学习，可以对一元二次方程的解法加以巩固，同时本节课的学习又是后面继续学习列方程解决实际问题、用二次函数解决实际问题的基础，它具有承上启下的作用.

二、学情分析

我校是一所农村镇级中学，学生大多出生在农村、长在农村，他们对数学与现实生活的联系知之甚少，更不要说理论联系实际了. 但是这个年龄段的小孩都有好奇的心理，我们可以充分利用这一心理，以提高学生学习数学的能力，同时也为同学们将知识学以致用打下基础.

知识掌握方面：学生对列方程解应用题的一般步骤已经熟悉，适合由特殊到一般的探究方式.

学生年龄特点：九年级学生具有丰富的想象力、好奇心和好胜心理，容易开发他们的主观能动性，适合自主探究、合作交流的数学学习方式.

三、本课例需要解决的几个问题

1. 如何审题，以及如何从烦琐的题目文字中提炼出有用的信息.

2. 如何把实际生活问题转化为数学问题，并用数学思想去解决实际问题.

3. 如何发挥学生自学、合作和探究三大学习方式.

4. 如何将信息技术与学科深度融合.

四、教学过程

1. 教学设计的指导思想及依据.

教学设计的指导思想及依据是课程标准和新课程理念，要关注学生的学习过程，创设一个有利于学生自主探究、合作交流的课堂氛围，以使教师真正成为教学的组织者、引导者和合作者. 本课教学力求遵循知识的发展规律和学生的认知规律，充分调动学生学习的主动性，同时重视“学生的亲身感受”.

2. 教学目标.

知识和技能目标：能根据具体问题中的数量关系，列出一元二次方程，并求解检验.

过程和方法目标：经历将实际问题抽象为数学问题的过程，探索问题中的数量关系，并能运用一元二次方程对其进行描述. 培养学生将实际问题转化为数学问题的能力.

情感态度和价值观目标：通过主动探究用一元二次方程解决身边的问题，体会数学知识的应用价值，激发学生学习数学的兴趣.

3. 教学重点、难点.

教学重点：列出一元二次方程解应用题.

教学难点：发现问题中的等量关系.

五、教学策略

教法：1. 我先用“篱笆”这样一个学生很熟悉的媒介，激起学生的兴趣. 然后采用“探索、归纳与合作交流”相结合的方法，以学生主动参与为前提、自主学习为途径、合作交流为形式，培养学生动脑、动手、合作、交流的能力，为学生的终身学习奠定基础，同时渗透数学的人文教育.

2. 考虑到学生的认知水平、思维能力和学习能力，进行分层次教学.

教学手段：主要利用班班通共享资源配合计算机多媒体辅助教学，使学生在寻找实际问题中的等量关系时，更加生动、形象和直观，以提高教学效率.

学法：突出自主探究、合作交流的数学学习方式. 不但让学生“学会”，还要让学生“会学”.

六、教学程序

（一）情境导入

同学们，你知道篱笆吗？

设计意图：这样设计可激发学生求知的兴趣，又为后面运用知识做好了准备.

（二）活动一

用篱笆围成一个一方靠墙的矩形花圃，请问如何设计？请同学们画出设计图.（提示：围成的矩形里面可以加门，也可以加隔，只要满足外围形状是矩形即可）

如果篱笆的长是 24 m，花圃面积是 45 m^2，如何设计花圃相邻的两条边长呢？（请结合你的设计图设出未知数，列出方程，不解答）

设计意图：由学生自己动手动脑，用简单的设计来激起学生的学习兴趣. 多媒体辅助演示学生不同的设计，让学生体验成功，并结合自己的设计图设出未知数，列方程，意在引导学生紧扣面积公式寻找相等关系. 这有助于学生对数学方法的初步感知.

请设计好的同学进行小组交流，并请小组代表展示他们的成果.

设计意图：通过小组交流、发言，学生情绪高涨，讨论热烈，思维活跃. 正因为这样，活动一中学生们有见地的结论不断涌现，叙述越来越严谨，再次让学生体会如何把实际问题转化为数学问题，从而培养学生大胆动手动脑，积极思考的能力. 这对学生创造性思维的培养具有一定的作用.

在学生设计的基础上，教师出示活动二.

（三）活动二

1. 假如围成中间隔有一道篱笆的矩形花圃，篱笆的长是 24 m，花圃面积是 45 m^2，墙的最大可用长度为 14 m，请问如何设计花圃的长和宽呢？

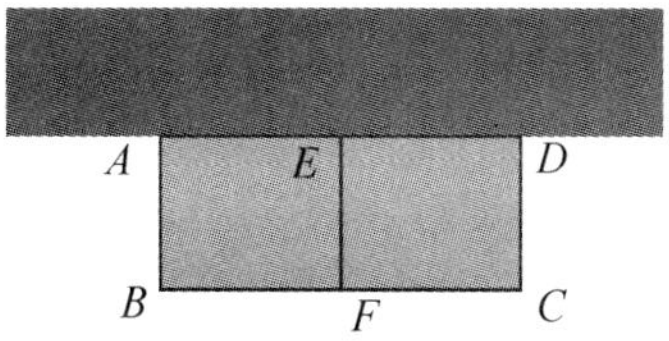

设计意图：让学生练习一元二次方程的解法，并对两个解根据实际情

况进行取舍，注意题中墙的最大可用长度为 14 m，从而训练学生解题的严谨性.

2. 花圃的面积能达到 57 m^2 吗?

设计意图：学生通过对面积最大值求法的解决，为第 3 小问埋下了伏笔.

再一次设疑：

3. 如何设计才能使矩形花圃面积最大呢？（将课堂活动推向高潮）.

设计意图：学生先自己完成，再小组交流，然后请小组代表上台用展台展示自己的板书并解说自己的解题方法和解题思路. 这样有利于学生对解题方法进行归纳和总结.

教师追问：同学们求出矩形花圃的最大面积之后，对于问题 2："花圃的面积能达到 57 m^2 吗？" 你有新的解法吗?

设计意图：教师追问让学生思考解题思路和解题方法的多样性，有助于学生思维广度的训练. 这样设计体现了知识的传递性，由特殊到一般，以提高学生的数学思考力.

有了这些铺垫后，出示活动三.

（四）活动三

现要在长 9 m，宽 5 m 的矩形花圃里修筑若干条道路，余下部分种花，并使图中种花的面积为 21 m^2. 请同学们参与设计，根据你的设计方案求图中道路的宽是多少米？（请画出设计图，说出设计方案并设出未知数，列出方程，不解答）

设计意图：再次给学生表现的机会，再次发挥学生的想象力，从而引导学生体会从实际问题转化为数学问题的基本方法是平移和等面积法. 同时也解决了本节课的教学难点，提高了学生对问题的总结能力及抽象思维能力.

师生合作小结：

设计意图：及时总结，让学生更加深刻理解面积问题中的等量关系，同时解决了本节课的教学难点，提高了学生对问题的总结能力及抽象思维能力.

（五）活动四

在矩形 $ABCD$ 中，$AB=6$ cm，$BC=12$ cm，点 P 从点 A 出发，沿 AB 边向点 B 以 1 cm/s 的速度移动，同时点 Q 从点 B 出发沿 BC 边向点 C 以 2 cm/s 的速度移动. 如果 P, Q 两点同时出发，分别到达 B, C 两点后就停止

移动.

（1）运动多少秒时，$\triangle PBQ$ 的面积为 8 cm^2？

（2）运动多少秒时，五边形 $APQCD$ 的面积最小？

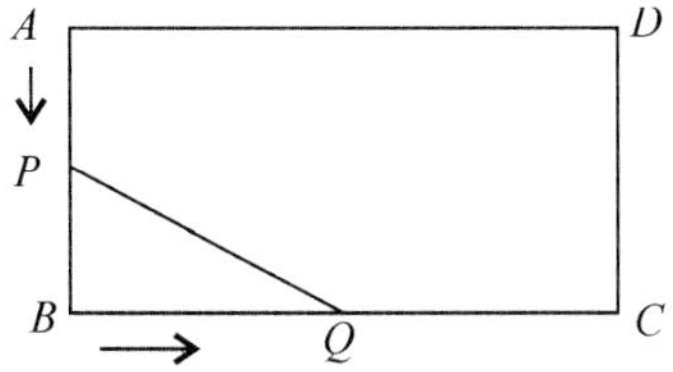

设计意图：目的是让学生学以致用，激起学生的求知欲. 让学生自主完成.

请同学们合作后进行展台展示.

设计意图：培养了学生的语言表达能力.

（六）归纳总结，知识升华

请同学们回忆一下，本节课你有什么收获？本节课用到的数学思想有哪些？

设计意图：注重学生间的合作，培养学生的合作意识、竞争意识，养成“爱提问、敢质疑、富联想、善应变”的好习惯.

（七）智能提升

1. 如图 1 所示，宽为 50 cm 的矩形图案由 10 个全等的小长方形拼成，则每个小长方形的面积为（　　）.

A. 400 cm^2　　B. 500 cm^2　　C. 600 cm^2　　D. 4000 cm^2

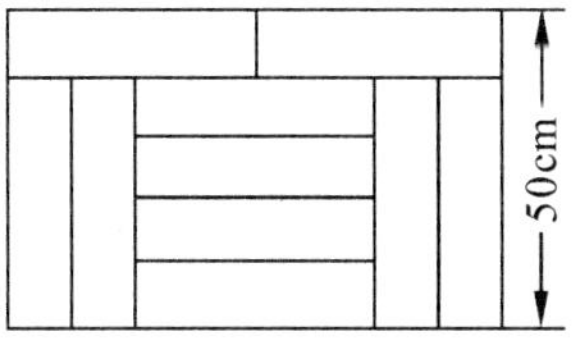

图 1

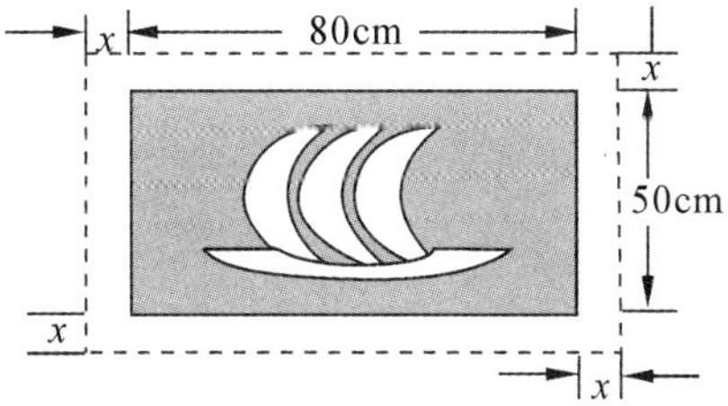

图 2

2. 在一幅长 80 cm，宽 50 cm 的矩形风景画的四周镶一条金色纸边，制成一幅矩形挂图，如图 2 所示. 如果要使整个挂图的面积是 5400 cm^2，设金色纸边的宽为 x cm，那么 x 满足的方程是（　　）.

A. $x^2+130x-1400=0$　　B. $x^2+65x-350=0$

C. $x^2-130x-1400=0$　　D. $x^2-65x-350=0$

3. 如图 3 所示，在$\triangle ABC$中，$\angle ABC=90^\circ$，$AB=8$ cm，$BC=6$ cm. 动点 P，Q 分别从点 A，B 同时开始移动，点 P 的速度为 1 cm/s，点 Q 的速度为 2 cm/s，点 Q 移动到点 C 后停止，点 P 也随之停止运动.下列瞬间中，能使$\triangle PBQ$的面积为 15 cm^2 的是（　　）.

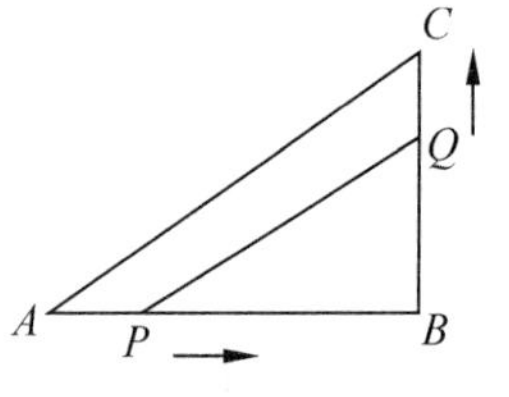

图 3

A. 2 s　　B. 3 s

C. 4 s　　D. 5 s

4. 用一根长 24 cm 的铁丝围成一个斜边长是 10 cm 的直角三角形，则两直角边长分别为_____.

设计意图：展示班班通共享资源的几个小问题，这既节省教师板书过程让课堂更加紧凑，同时让学生进一步巩固面积模型的等量关系和方程的列法，顺利突破了本节课的重点.

5. 如图 4 所示，张大叔从市场上买回一块矩形铁皮，他将此矩形铁皮的四个角各剪去一个边长为 1 m 的正方形后，剩下的部分刚好能围成一个容积为 15 m^3 的无盖长方体箱子，且此长方体箱子的底面长比宽多 2 m. 现已知购买这种铁皮每平方米需 20 元钱，问张大叔购回这张矩形铁皮共花了多少元钱?

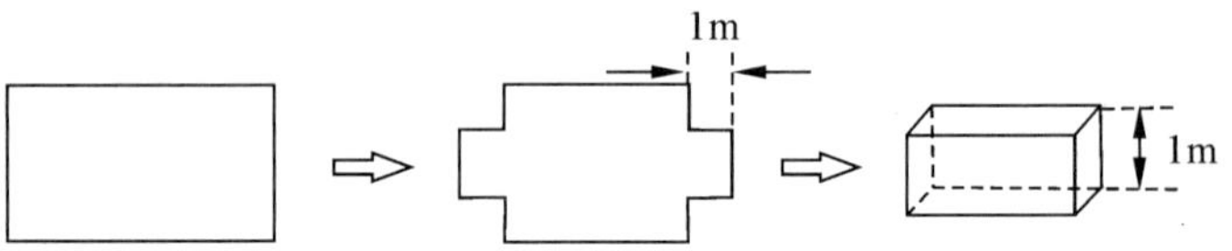

图 4

6. 小亮家想利用房屋侧面的一面墙，再砌三面墙，围成一个矩形猪圈，如图 5 所示. 现在已备足可以砌 12 m 长的墙的材料.

（1）如果小亮家想围成面积为 16 m^2 的矩形猪圈，你能够教他们怎么围吗?

（2）如果小亮家想围成面积为 20 m^2 的矩形猪圈，你认为可能吗? 说明理由.

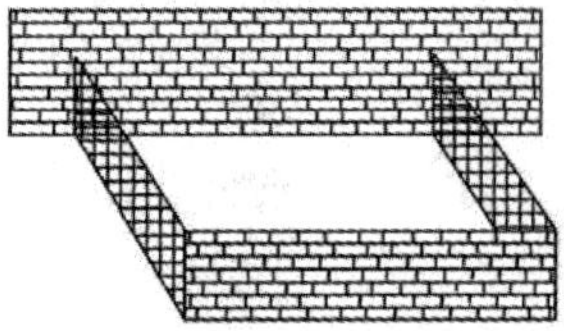
图 5

（3）你能告诉小明怎样围，可以使矩形猪圈的面积最大吗?

设计意图:再次调出资源库中的两道练习题,这两道练习题与实际生活息息相关.其目的是通过课堂跟踪反馈,达到让学生巩固提高的目的,并进一步渗透建模思想.同时也遵循了巩固与发展相结合的原则.

七、布置作业

设计意图:考虑学生的个体差异,分层次布置作业,达到不同的人在数学上得到不同的发展.

八、教学反思

1. 效果分析:《义务教育数学课程标准(2011 年版)》指出:“学生的数学学习内容应当是现实的、有意义的、富有挑战性的,而动手实践、自主探究与合作交流是学生学习数学的重要方式.”本着这一理念,在本节课的教学过程中,我严格遵循由感性到理性,将数学知识始终与现实生活中学生熟悉的实际问题相结合,不断提高他们应用数学方法分析问题和解决问题的能力.

2. 人文教育:《义务教育数学课程标准(2011 年版)》明确指出:“数学教学要以知识的整合、发扬人文精神和科学精神为基点.”这就是说,人文教育是数学素质教育的重要组成部分.作为数学教师,应把数学的科学教育与人文教育相结合.在本节课中,首先以“篱笆”让学生直观感受生活中的数学,这样抓住时机教育学生养成积极思考和观察的好习惯.其次以面积最大作为本节课的重点来讨论问题,既突破本节课的教学重点,同时让学生更加深刻感受到数学来源于生活而又服务于生活的人文情怀,让学生体会到数学对实际生活的帮助.

3. 班班通的应用:课堂教学中多媒体技术常态化、资源共享化,使教学内容集文字、图象、动画等信息功能于一体.图象清晰,动态感强,信息量大,多趣味和高效率,最大限度地激发了学生自主探索、设疑、释疑的兴趣,同时使学生的综合素质得到全面发展,大大拓宽了学生们的视野,提高了教育教学效果.

九、专业引领(学科组团队评价点评)

本节课很好地贯彻了“自主互助式”的教学模式,在整个教学过程中学生始终都是学习的主体.每一个学生都能参与其中,特别是小组合作真实有效.每个小组提炼出来的问题的含金量都很高,这也充分说明同学们真正成了学习的主人.

本节课在新课改的形式和理念下有一定的引领作用，做到了把课堂还给学生，以及应该怎样还给学生.小组合作的时间把握等都给我们展示了一节全新的课堂，非常成功.

第 8 章

初中数学新授课课堂导入的策略探究

8.1　初中数学新课课堂导入的趣味性探究

“万事开头难”，新课引入是课堂教学中向学生打开的第一扇门，教师要巧妙地撬动学生的心灵，让学生在精彩的“开幕”艺术中有所思、有所悟、有所动，方能激起学生学习的兴趣和强烈的求知欲望，从而提升课堂教学的有效性.

8.1.1　新课导入的原则

1. 趣味性原则

学生如果没有兴趣，数学中的公式、定理、图形都将是枯燥乏味的，数学只会剩下一道道永远做不完的题. 如何激发学生的学习兴趣，是数学老师颇感头疼的问题. 因此，引入新课的首要原则是趣味性，我们选择的内容、手段要能紧紧吸引学生的注意力，诱发学生的探究欲望.

2. 科学性原则

数学是一门逻辑性极强的学科，其引入内容和方式既要有趣又要科学有效.

3. 目的性原则

新课引入要与教学目的、学习任务一致，让学生初步感知要学的内容.

4. 简洁性原则

新课引入要避免冗长的叙述和复杂，繁难的情境，要做到简洁明了，节约时间.（如果引入时间过长，就可能完不成当堂任务）

8.1.2 新课导入的方法

数学是一门具有高度的抽象性、严密的逻辑性和广泛的应用性的学科，数学难学已成为很多中学生的共识，数学课堂更是被许多学生认为是毫无情趣的代名词. 其实不然，一堂成功的数学课也会使学生回味无穷. 要上好一堂数学课，巧妙地引入课题起到至关重要的作用. 那么如何恰到好处地引入新课呢？

兴趣是最好的老师，兴趣具有激发学生积极思维的作用，因此，上课开始时，配合课题的引入，就要有一个激发学生兴趣和求知欲望的过程. 时间控制在 3 min 左右. 实施程序是：集中注意力—引起兴趣—激发思维—明确目的—进入学习课程. 具体方法一般有如下几种：运用多媒体演示情景引入、故事引入、游戏引入、实验引入、儿歌引入、悬念引入、名人故事引入、表演引入、谜语引入，等等.

1. 运用多媒体演示情景引入

运用多媒体演示：比如我们组内张亚琼老师送教的“等式的基本性质”，就很好地利用了天平与实验的多媒体演示引入. 还有张燕芳老师送教的“变量与函数”，利用电子白板演示的远处有雪山、近处有草地以及摩天轮的图片一下子就吸引了学生的注意力.

2. 故事引入

比如在讲授“配方法”时，讲这样一个故事：“从前有一位老人，在临终前打算把 17 头牛分给 3 个儿子，要求大儿子分二分之一，二儿子分三分之一，小儿子分九分之一，不能宰杀.（可留一点时间给学生思考）三个儿子听了很纳闷. 最后一位聪明人告诉他们，先在邻居家借一头牛，然后大儿子分 9 头，二儿子分 6 头，小儿子分 2 头，剩下一头再还给邻居.”这个故事既开启了学生思维的大门，又渗透了配方法中“借一还一”的思想，为新课讲授做好了铺垫.

3. 游戏引入

把游戏引入课堂，可以营造轻松、和谐、活泼的课堂气氛和一个有利于探究的环境，以激励全体学生积极参与教学活动，激发学习兴趣. 这种引入新课方法，必须符合数学本身的科学性，违背科学性的引入即使生动有趣也不可取，甚至会导致“喧宾夺主”的后果. 另外，还要根据具体课题，结合实际情况来选择相关的游戏引入.

4. 实验引入

实验是科学研究的基本方法，在物理学、化学中应用广泛. 在传统的数学教学中，我们往往把数学当成现成的理论来教，很少进行数学实验. 新教材中安排了许多适合学生实验和探索的内容，如动手拼、剪、测量等，让学生在实验中发现问题，提出猜想，验证猜想. 让学生在做中思维，做中发现，体验科学探究和探索真理的过程. 结合课题，做一些有趣而吸引人眼球的实验也能快速有效地引入课题，吸引学生快速进入学习状态. 例如，在讲授“轴对称”时，让学生拿出一张纸，对折，打开，滴一滴墨水在折痕边或折痕上，合上，压一压，打开观察，得到一些漂亮的图案，学生很惊喜，从而激发了学生强烈的求知欲，然后自然地引入新课.

5. 儿歌引入

在讲授用“字母表示数”时，用孩子们熟悉的儿歌引入：同学们，小时候你们念过儿歌吗？今天我们也一起来念念儿歌：一只青蛙一张嘴，两只眼睛四条腿，扑通一声跳下水；两只青蛙两张嘴，四只眼睛八条腿，扑通两声跳下水；三只青蛙三张嘴，六只眼睛十二条腿，扑通三声跳下水；四只青蛙四张嘴……唱到后来，一部分学生唱不下去了，声音也越来越小. 有学生就说了：这样随着青蛙只数的增加永远也唱不完. 然后我紧接着说：我能用一句话把它唱完，你们信不信？这样一石激起千层浪. 怎么可能？学生议论纷纷. 我趁机说，今天这节课我就想告诉大家如何用一句话把它唱完，同时也相信在座的每一位同学都能用一句话把它唱完. 不过在唱之前，我们先要做一个准备工作，我们先来学习“用字母表示数”. 学习了之后，不用老师教，相信你们自己都能用一句话唱完了. 这时候开始新课就水到渠成了.

6. 设置悬念引入

在讲授“圆周长”时，提问：假如把地球近似看作一球体，绕着赤道用一根绳子捆紧，然后把绳子放长 10 m（假设绳子离地球表面均等），中间的空隙能容纳：

a. 一支铅笔　b. 一只老鼠　c. 一只猫　d. 一头牛

结果学生猜测的答案与正确答案相差甚远. 当老师给出正确答案D时，学生感到不可思议，这样引入就形成了悬念，激起了学生强烈的求知欲望.

7. 名人故事引入

南充职业附中的李品老师在讲授“从分数到分式”时，首先在大屏幕上放一张姚明投篮的照片，在旁边写：他是谁？等学生回答后，老师就开始引入：不错，他就是前NBA火箭队的中国球员姚明. 在奥运会期间，姚明7场球共得115分，你能算出他平均每场比赛得多少分吗？若他y场球共得115分，则他平均每场比赛得几分？这样的引入显然成功地吸引了学生的注意力.

谜语引入和表演引入等其他有趣的导入方式还有很多，这里就不一一列举了. 总之，趣味引入可以避免平铺直叙之弊，可以创设引人入胜的学习情境，有利于学生从无意注意迅速过渡到有意注意. 因此，如何引入新课，如何有趣味性地引入课题，是数学教学中一个值得重视和长期探究的课题. 同时，课堂引入只是课堂教学的一个起始环节，是决定教学效果的重要因素之一，但它并不是决定教学效果的唯一因素，只有课堂教学的各个环节都优化了，才能使课堂高效.

8.2 “直角三角形全等的判定”案例分析

一、主题

“直角三角形全等的判定（HL）”是新人教版八年级上册第十二章第二节第四课时的内容. 本节课主要研究直角三角形全等的判定. 其中，教学重点是直角三角形全等的判定方法的理解；教学难点是利用直角三角形全等的判定方法进行简单的推理.

二、背景

这一节内容是在前边学习了一般三角形全等判定的方法以后，作为直角三角形特殊的判定方法给出的一个内容，是对三角形全等判定所做出的进一步研究. 通过本节课的学习，三角形全等判定的知识将相对完整，因此，本节课的学习是前面学习的发展和深化. 同时直角三角形在本章乃至整个平面几何教材中都有着重要的基础性地位，它可以为我们今后解决实际问题以及进一步研究平面几何奠定一定的基础.

三、教学目标

1. 知识技能：理解直角三角形全等的判定方法，并能运用直角三角形全等的判定方法，进行有条理的简单的推理.

2. 数学思考：懂得直角三角形全等的判定方法（HL）是确定两个直角三角形全等的思考方法.

3. 解决问题：经历探索三角形全等判定方法的过程，体会利用操作、归纳获得数学结论的过程.

4. 情感态度：培养几何推理意识，激发学生的求知欲，让学生感悟几何思维的内涵.

四、教学过程

（一）复习旧知

通过前面的学习，我们知道，判定两个三角形全等的方法共有几种？用这些方法来判定两个直角三角形全等适用吗？

其实，对于直角三角形，除了这几种判定方法外，还有只属于它自己的一种判定方法——HL. 今天，我们就一起来探讨这种判定方法.

设计意图：通过复习提问，学生可以轻松地进入本节课的学习中，这样既交代了本节课要研究和学习的主要问题，又使学生对新知识有了期待，从而为本节课的顺利完成做了铺垫.

（二）问题引入

舞台背景的形状是两个直角三角形（多媒体显示图片），为了美观，工作人员想知道这两个直角三角形是否全等，但每个三角形都有一条直角边被花盆遮住无法测量.

1. 你能帮助工作人员想个办法吗？

2. 如果他只带了一个卷尺，能完成这个任务吗？

设计意图：情景的创设是为了提高学生学习的积极性、主动性，感受数学知识对于解决身边问题的重要性.

（三）探究归纳“HL”判定方法

任意画一个 Rt$\triangle ABC$，且$\angle C=90°$，再画一个 Rt$\triangle A'B'C'$，使$\angle C'=90°$，

$B'C'=BC$，$A'B'=AB$，然后把画好的 Rt△$A'B'C'$剪下来放到 Rt△ABC 上，你发现了什么？

设计意图：以学生画图活动为主线展开探究活动，注重“HL”条件的发生过程和学生的亲身体验，从实践中获取“HL”条件，以培养学生探究、发现和归纳的能力．同时培养学生动手操作与勇于探究的能力．

直角三角形全等判定方法：斜边和一条直角边分别相等的两个直角三角形全等（简写为“斜边、直角边”或“HL”）．

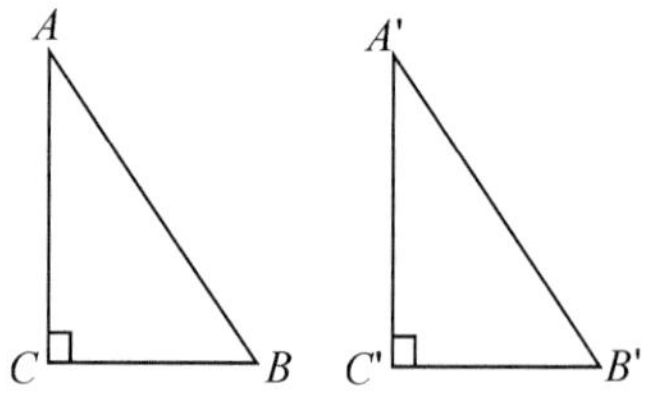

用符号语言怎么描述呢？

因为 在 Rt△ABC 和 Rt△$A'B'C'$ 中，

$$\begin{cases} AB=A'B' \\ BC=B'C' \end{cases}$$

所以 Rt△ABC≌Rt△$A'B'C'$（HL）

设计意图：说明“HL”判断直角三角形全等的条件，规范符号语言表达形式．

（四）“HL”判定方法的运用

例 1：如图，$AC\perp BC$，$BD\perp AD$，垂足分别为 C, D，$AC=BD$．求证：$BC=AD$．

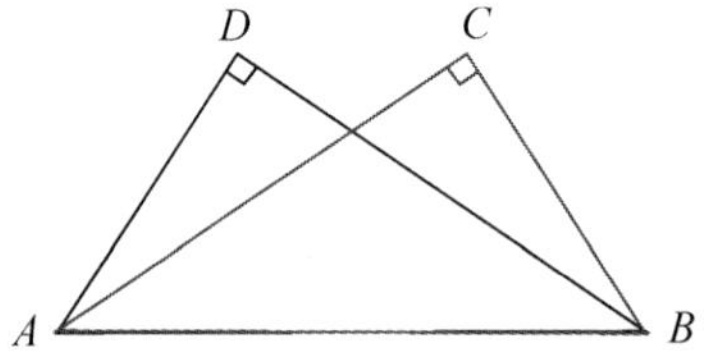

设计意图：让学生初步学会运用 HL 判定方法，掌握用 HL 证题的规范格式．

（五）巩固练习

如图，$AB=CD$，$BF\perp AC$，$DE\perp AC$，垂足分别为 F, E，$AE=CF$，求证：$BF=DE$．

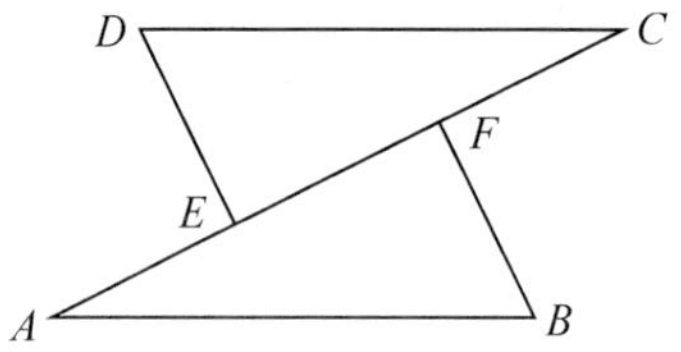

设计意图：对本节课所学知识进行巩固练习.

变式：如上图，$AB=CD$，$BF\perp AC$，$DE\perp AC$，要证$\triangle DEC\cong\triangle BFA$，需要添加一个什么条件？请说明理由.

设计意图：加强学生的应用能力，活跃学生的思维.

思考：你能用几种方法说明两个直角三角形全等？

归纳：直角三角形是特殊的三角形，所以不仅有一般三角形判定全等的方法——SSS，SAS，ASA，AAS，还有直角三角形特殊的判定方法——HL.

设计意图：及时组织学生归纳总结是学习数学的一种很好的方法，在平时的教学活动中要多加训练，便于以后证明、计算时运用.

五、小结

这节课你有什么收获呢？与你的同伴进行交流.

设计意图：让学生学会归纳总结，梳理知识点.

六、课后作业

必做题：课本第 43 页练习 1, 2 题.

选做题：课本第 44 页习题 12.2 第 8 题.

思考题：课本第 44 页习题 12.2 第 6 题.

设计意图：检测学生对本节知识的掌握情况. 分层次布置作业使不同层次的学生得到了不同的发展.

七、教学反思

（一）成功之处

本节课教学，主要是让学生在回顾全等三角形判定的基础上，进一步研究特殊的三角形全等的判定方法，让学生充分认识特殊与一般的关系，以加深他们对公理的多层次理解.

在教学过程中，我让学生充分体验到实验、观察、比较、猜想、归纳、验证的数学方法，一步步培养他们的逻辑推理能力. 整节课贯穿“从问题情境出发，建立模型、寻求结论、解决问题”这一主线，让学生从这一过程中抽象出几何图形，建立模型，研究具体问题，起到了较好的推动作用，学生也体会到数学与生活的联系，以及学习处理此类问题的方法.

作为八年级的学生，他们的抽象思维已经有一定程度的发展，具有初步的推理能力，因此，在教学中，我除了注重情境的运用外，更多地运用符号语言，在比较抽象的水平上，提出数学问题，以加深和拓展学生对数学的理解.

（二）不足之处

纵观整个教学过程，不足之处主要体现在一些问题的提出上，启发性、激趣性不足，导致学生的注意力不易集中；在学生的自主探究与合作交流中，时间控制得不太好，导致部分学生收获较小；在评价学生表现时，不够新颖幽默，没有让他们获得足够的成功体验和快乐，丧失了几个激起学生继续学习的机会，今后教学还需不断改进和提高.

8.3 “变量与函数——常量与变量”案例分析

一、主题

“变量与函数”是新人教版八年级下册第十九章第一节第一课时的内容. 本节课主要研究常量与变量的概念. 其中，教学重点是常量与变量的概念，教学难点是根据常量和变量之间的关系列出关系式.

二、背景

本节课是函数的起始课，函数是刻画运动变化现象的重要数学模型，是从数学角度研究变化现象，把握变化规律. 首先要关注变化过程中量的变化，这就是变量. 有了变量的概念，便为研究成函数关系的两变量的“运动与对应”关系打下了基础.

本节课从三个简单的实际问题入手，通过分析问题中数值的变与不变，引出常量与变量的概念，而且问题中变量的单值对应关系也为学习函数的定义做了铺垫.

根据课程标准要求和基于对教材的理解与分析，考虑到学生已有的知识水平和认知经验，我采取了“合作-探究”模式进行教学.

三、教学目标

（一）知识技能

1. 通过丰富的实例，让学生在具体的情景中领悟常量与变量的概念.

2. 能分清实例中的常量与变量，且会用关系式表示一个变化过程中的常量和变量的关系.

（二）数学思考

通过感受运动与变化的数量关系初步体验函数思想.

（三）解决问题

通过实践与探索，让学生参与变量的发现过程，以提高学生分析问题和解决问题的能力；让学生体会“变与不变”的数学思想.

（四）情感态度

感受变量是刻画现实生活中许多变化事物的一种重要的数学工具，以加深学生对数学来源于生活的体验.

四、教学过程

（一）活动一：创设情境，引入新课

多媒体展示现实生活中事物变化的图片，让学生初步感受事物运动变化过程中的数量关系. 为了更深刻地认识千变万化的世界，人们经归纳总结得出一个重要的数学工具——函数. 本节课我们一起来学习第 19.1.1 “变量与函数”第一课时.

设计意图：通过引言和摩天轮图片，引出本节课需要研究的问题，可以引起学生的注意. 通过 PPT 来引起学生的学习兴趣，并让学生感受数学来源于生活.

（二）活动二：问题探究

问题 1：汽车以 60 km/h 的速度匀速行驶，行驶路程为 s km，行驶时间为 t h，

（1）请同学们根据题意填写下表：

t/h	1	2	3	4	5
s/km					

（2）试用含 t 的式子表示 s：

设计意图：在常见的“行程问题”中，引导学生从“变与不变”的角度观察速度、时间和路程三个量，可以较为自然地引导学生对这三个量进行分类.

问题 2：一石激起千层浪，水滴泛起层层波. 变化中的波纹可以看作一个不断向外扩展的圆. 在这一过程中，当圆的半径 r 分别为 10 cm，20 cm，30 cm 时，圆的面积 S 分别为多少？

（1）当圆的半径为 10cm 时，面积为：__________

当圆的半径为 20cm 时，面积为：__________

当圆的半径为 30cm 时，面积为：__________

（2）试用含 r 的式子表示 S：__________

问题 3：在一根弹簧下端悬挂重物，改变并记录重物的质量，同时记录弹簧长度的变化，探索它们之间的变化规律. 如果弹簧原长 10 cm，每 1 kg 的重物使弹簧伸长 0.5 cm，怎样用含有重物质量 m 的式子表示受力后弹簧的长度 l？

（1）挂 1 kg 重物时弹簧的长度：__________

挂 2 kg 重物时弹簧的长度：__________

挂 3 kg 重物时弹簧的长度：__________

（2）试用含 m 的式子表示 l：__________

设计意图：有前述的示范引导，让学生自主探究“几何问题”“物理问题”中的常量与变量，通过探索简单实例中的数量关系和变化规律，深刻体会变量与常量的概念.

（三）活动三：形成概念

在上述问题 1、问题 2、问题 3 中，数值发生变化的量是__________，数值始终不变的量是__________________.

像这种在一个变化过程中，数值发生变化的量称为变量（variable），数值始终不变的量称为常量（constant）.

设计意图：从实际问题中抽象出常量、变量的概念，进一步体会常量与变量之间的关系，初步体会同一个变化过程中两个变量之间的依赖关系和对应关系.

（四）活动四：辨析概念

指出下列问题中的变量和常量：

（1）某市的自来水价为 4 元/t. 现要抽取若干户居民调查水费支出情况，记某户月用水量为 x t，月应交水费为 y 元.

（2）某地手机通话费为 0.2 元/min. 李明在手机话费卡中存入 30 元，记此后他的手机通话时间为 t min，话费卡中的余额为 w 元.

（3）水中涟漪（圆形水波）不断扩大，记它的半径为 r，圆周长为 C，圆周率（圆周长与直径的比）为 π.

（4）把 10 本书随意放入两个抽屉（每个抽屉内都放），第一个抽屉放入 x 本，第二个抽屉放入 y 本.

设计意图：让学生运用新知解决数学问题，并在解题中识别常量和变量，巩固学生对所学知识的理解. 通过小组合作学习，培养学生的合作能力. 板演解题过程，既有示范作用，也能起到错误解答引领反思的作用.

（五）活动五：课堂小结

通过本节课的学习，你有哪些收获？(抽生回答)

设计意图：培养学生的总结能力. 让学生在总结归纳过程中回顾知识，对本堂课知识有系统的认识，同时可以增强学生的数学概括能力和口头表达能力.

（六）活动六：升华概念

指出下列问题中的变量和常量，并写出能反映 y 与 x 的变化关系的式子：

（1）购买一些铅笔，单价为 0.2 元/支，记某同学购买铅笔的数量为 x 支，应付的总价为 y 元；总价 y 元随铅笔数 x 的变化而变化.

（2）用 10 m 长的绳子围一个矩形. 记矩形的一边长为 x m，则它的邻边长为 y m；y 值随 x 值的变化而变化.

设计意图：让学生在数学问题中识别常量和变量，并分别用倍数关系和矩形性质找出两个变量之间的数量关系，为后续函数关系做铺垫.

（七）活动七：作业布置

必做题：指出下列问题中的变量和常量，并写出能反映 y 与 x 的变化关系的式子：

（1）用长为 50 cm 的铁丝围成一个等腰三角形，记这个等腰三角形的腰长为 x cm，底边长为 y cm；y 值随 x 值的变化而变化.

（2）小明到商店买练习簿，每本单价 2 元，总金额 y 元随购买的练习簿总数 x 本的变化而变化.

选做题：如图所示，Rt△ABC 中，点 P 是斜边 AB 上一动点，且 $PD \perp AC$，$PE \perp BC$.

（1）则图中的线段中，哪些是常量？哪些是变量？

（2）四边形 $PDCE$ 的面积是常量还是变量？

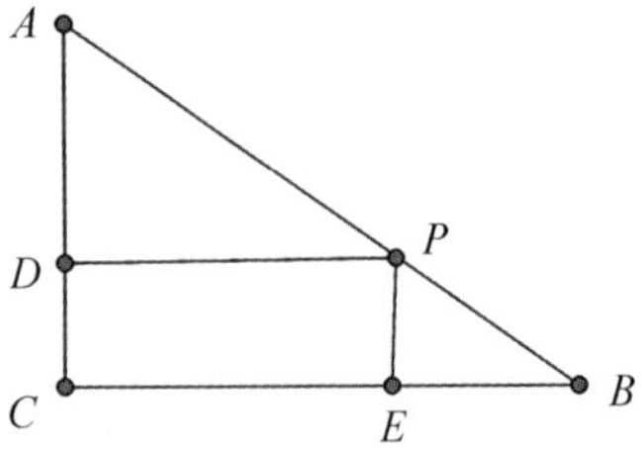

设计意图：根据学生的实际情况，分层设计作业，以满足不同层次学生的需求.

五、教学反思

1. 通过 19.1.1“变量与函数”的教学，本人对概念课的教学设计与教学实践有了更深入的了解. 本设计呈现的课堂结构为：（1）通过情景，引入课题；（2）抽象出现实问题中的数学概念，逐步使数学形式化；（3）概念辨析；（4）小结（质疑）；（5）升华概念. 这五个方面均达到了使学生掌握本节课基本的数学知识与技能的目的.

2. 本节课的教学设计，既忠于教材，又进行了一些小改动，如将课本中的矩形问题改编成弹簧问题. 相比矩形问题，学生对弹簧更为熟悉，而且更有兴趣地去分析问题和解决问题.

3. 课堂实施中的遗憾：常量与变量是在某一个变化过程中研究的，因此分析清楚变化过程是什么，才有利于学生辨析常量与变量分别是什么. 在本节课的课堂实施中，我虽注意到了对过程的分析，如在汽车行驶过程中，路程与时间之间的关系，要求学生说明是哪个量随着哪个量的改变而改变，但没有在整个概念教学中贯穿这样的分析方法，即先分析变化过程是什么，再讨论常量与变量，而是过于强调了两种量在数值变化上的特征，失之偏颇，这一点应在今后的教学中加以改进.

8.4 “立方根”案例分析

一、主题

“立方根”是新人教版七年级下册第六章第二节第一课时的内容. 本节课主要研究立方根和开方的概念. 其中，教学重点是立方根的概念和性质，教学难点是求一个数的立方根.

二、背景

本章可以看成其后代数内容的起始章，它是学习二次根式、一元一次方程以及解三角形的基础，因此，在中学数学中占有重要地位. 通过本章的学习，学生对数的范围的认识就由有理数扩大到实数，而无理数的概念正是由数的平方根和立方根引入的. 在此之前，学生已学习了数的平方根，这为过渡到本节内容的学习起到了铺垫作用. 通过本节学习，学生可以更深入地了解无理数，以便为后面学习实数奠定基础.

学习立方根的意义在于：

1. 它有着广泛应用，因为空间形体都是三维的，关于有关体积的计算经常涉及开立方.

2. 立方根是奇次方根的特例，就像平方根是偶次方根的特例一样，立方根对于进一步研究奇次方根的性质具有典型意义.

学生在学习本节前，对平方根和开平方运算有了一定的了解，因此，本节课对于立方根的意义和开立方运算的学习采用“先学后教，当堂训练”的教学模式.

三、教学目标

（一）知识技能

1. 了解立方根和开立方的概念.

2. 掌握立方根的性质.

3. 会用根号表示一个数的立方根.

4. 会求一个数的立方根.

（二）数学思考

运用类比法探寻出立方根的运算及表示方法，并能自我总结出平方根与立方根的异同.

（三）解决问题

通过学习立方根，培养学生理解概念并用概念解决问题的能力.

（四）情感态度

1. 发展学生求同存异思维.

2. 让学生体会一个数的立方根的唯一性，分清一个数的立方根与平方根的区别，体会类比思想，并渗透由一般到特殊的思想方法.

四、教学过程

（一）出示课题（出示幻灯片 1）

师：同学们，通过前面的学习，我们知道“如果一个数的平方等于 a，那么这个数就叫做 a 的平方根”. 类似的，老师要问“如果一个数的立方等于 a，那么这个数又会叫做 a 的什么呢？”

生：这个数叫做 a 的立方根.

师给予肯定并板书课题 ——6.2.1 立方根

设计意图：通过问题引入，促进学生思考，让学生快速进入听课状态.

（二）出示学习目标（出示幻灯片 2）

1. 了解立方根和开立方的概念.

2. 掌握立方根的性质.

3. 会用根号表示一个数的立方根.

4. 会求一个数的立方根.

（全班同学齐读目标）

设计意图：让学生明确本节课的学习目标，齐读是为了加深印象.

师问：同学们，大声地告诉老师，有信心完成本节课的学习目标吗？

（三）出示自学指导（出示幻灯片 3）

师：为了完成本节课的学习目标，这节课我们采用同学们自学的方式. 下面请同学们一起按照老师的自学指导认真学习. 请看：

自学指导（老师范读）：

认真阅读教材第 49 页至第 50 页例题的内容，完成自学知识并思考：

1. 勾画出立方根或三次方根、开立方等的概念.

2. 完成第 49 页探究中的“填空”.

3. 勾画第 50 页“归纳”内容，即立方根的特征.

4. 平方根与立方根有什么不同？

5. 完成第 50 页“探究”中的“填空”.

6. 认真阅读例题，注意其解题格式.

备注：在自学过程中如果有不懂的问题，同桌之间可以小声讨论，7 分钟后，看谁能快速准确地完成本次检测题.

设计意图：让学生知道自学内容、自学方法、自学所用时间，明确自学目的并能独立认真地自学.

（四）先学

1. 学生结合自学指导认真自学，教师督促学生认真学习.

2. 检测：

师：同学们，看懂了吗？下面我们对大家的学习效果进行检测.

A. 出示知识巩固（出示幻灯片 4）.

1. 如果一个数的立方等于 a，那么这个数叫做________，即如果 $x^3=a$，那么________叫做 a 的立方根. 如 $2^3=8$，则 2 叫做 8 的________.

2. 求一个数的________的运算，叫做开立方，正如开平方与平方互为_____，开立方与________互为逆运算.

3. 类似于平方根，一个数 a 的立方根用符号____表示，读作_____，其中 a 是______，3 是______，根指数 3_____（能或不能）省略，如 $\sqrt[3]{27}$ 表示_____，所以 $\sqrt[3]{27}=$______. 这里运用的数学思想是_______.

4. 如果 $x^3=8$，那么 x 叫_____的立方根，所以 $x=$_____，即 $x=$____.

设计意图：检测学生对本节知识点的自学情况，为后面解题做铺垫.

B. 检测题（出示幻灯片 5）.

1. 求下列各数的立方根：（1）$\sqrt[3]{27}$；（2）$\frac{8}{27}$.

2. 求下列各式的值：（1）$\sqrt[3]{-0.001}$；（2）$-\sqrt[3]{\frac{64}{27}}$.

3. 求下列各式中 x 的值：（1）$x^3=\frac{1}{8}$；（2）$(x-1)^3=125$；（3）$x^3-26=1$.

（抽四名学生上台板演检测题，其余的在练习本上完成）

师巡视，搜集学生中出现的错误，进行第二次备课.

设计意图：检测学生能否学以致用，为后面的教学做参考. 到底需要教什么？怎样教？

（五）后教

1. 更正：做好的同学注意观察黑板上同学的板演情况，如发现错误或有不同答案的同学，请上台更正.

2. 讨论：

（1）知识巩固：直接抽学生回答，教师通过幻灯片出示答案.

（2）检测题：

第 1 题，师问：类比求一个数的平方根，要求一个数的立方根，需要先知道什么？（学生思考并举手回答）

再追问：-64 是哪个数的立方？结果对不对？这里运用了什么数学思想？（学生思考后举手回答，教师点拨）？

第 2 题：首先看这两个式子表示什么意思？（学生举手回答）再看解题格式和结果对不对？（学生先观察再作答，教师点拨）

第 3 题：

师问：谁能大声地告诉老师第（1）小题中的 x 与 $\frac{1}{8}$ 的关系？（学生举手回答）

追问：x 等于多少？（先小组讨论，再小组代表举手回答）

师问：看第（2）小题，从形式上看与第（1）小题有什么异同？（先小组讨论，再小组代表举手回答）此题又该如何解呢？（抽学生说说解题思路，教师再点拨）

思路总结：在这里，我们如果将 $x-1$ 看作一个整体，可以根据立方根的概念先求出 $x-1$ 的值，再求出 x 的值. 这里运用了整体数学思想，让我们达到了化繁为简的效果.

师：比较第（3）小题与第（1）小题，又有什么不一样？能否通过简单变形将其变成第（1）小题的形式呢？（学生思考并举手回答，教师点拨）再看你们完成得对不对？不对的，错在哪里？（学生先观察再作答）

设计意图：针对学生的自学检测情况答疑解难.

（六）小结

通过本节课的学习，谈谈你有什么收获或你学会了什么？

设计意图：让学生学会归纳总结，梳理知识.

（七）当堂训练（出示幻灯片 6）

1. 必做题：第 51 页 1（1）（3）；第 52 页 3（2）（4）；5.

2. 选做题：第 52 页 2；3（1）（3）.

3. 思考题：第 52 页 9.

设计意图：根据学生的实际情况，分层设计作业，以满足不同层次学生的需求.

五、教学反思

通过本节课教学，主要有以下几点启示：

1. 教师在课堂教学中要注意营造氛围，让学生在课堂活动中完成能做、会做、要做的事；学会倾听别人的意见；学会思考、表达、交流及尝试.

2. 关注更多学生的学习状态，了解学生个体差异，充分调动每个学生的积极性，提高整体教学效果.

3. 本节课的不足之处：给予小组讨论、交流的时间不多，让学生独立思考的时间也不够.

第 9 章

小组合作学习模式在课堂教学中的运用研究

9.1 数学课堂教学中让小组合作更有实效

本章从小组合作活动中存在的问题着手分析，着重从开展有效小组合作学习活动的基本条件、目标设计、内容选择等几个方面对初中数学课堂的有效小组合作活动进行了思考与实践，结合翔实的实践案例和教材调查研读，阐述自己对初中数学课堂小组合作活动设计的一些见解.

9.1.1 常见的小组合作活动存在的一些误区及笔者的改进建议

在教学教改不断发展的今天，合作学习的理论和实践，被认为是我国教育近几年来最重要的教育改革理论之一. 伴随着我国新的课程与教学改革不断向纵深发展，它逐渐被广大教师所熟悉和了解，并在教学实践中不断地予以丰富的内涵. 马兰教授在《合作学习》一书中指出，所谓合作学习，特指课堂教学中的小组合作学习，是指在传统的课堂教学中，借助异质小组的基本形式，通过小组成员之间的沟通与交流，进行质疑与竞争. 以小组目标达成为标准，它是以小组总体成绩为评价、奖励依据的教学策略.

近几年来，笔者在日常教学、校内研讨、外出学习中，亲历了许多合作学习场景，其中不乏低效甚至无效的现象，以下是两个课堂教学片段摘录，我们不妨做一剖析：

片段 1：2014 年 12 月 5 日，县数字化系统优质课比赛中，某老师在上“直线、射线、线段”一课时，在给学生展示出直线、射线、线段的图片后，安排了这样一个合作学习内容：请同学们说说什么叫“直线、射线、线段”. 师生在此合作环节花时 1 分钟.

反思：此片段中，该教师关注了合作学习，但实属形式化，是一个无效的合作活动. 其原因有：一是时间安排过短，小组内思考与交流不能充分进行；二是因为问题的设置缺乏深难度与探讨性，无须合作探讨. 这些概念都是小学学过的内容，而且对这几个概念的讨论没有多少实在意义.

建议：笔者认为，如果在这个地方要设置讨论活动，应该放在对这些概念的学习和理解之后进行. 讨论的问题为：请各小组同学合作讨论一下“直线、射线、线段”这三个概念及表示方法有哪些区别和联系. 给思考时间 1 分钟，交流 2 分钟.

建议原因：“直线、射线、线段”的表示方法及其区别与联系是本节课要求学生必须掌握的重点内容之一，大家你一言我一语就可能把这个问题较系统地归纳出来. 个人有可能归纳不全，很有讨论的必要. 但讨论也不是一来就“满堂青蛙叫”，先给每个人 1 分钟时间进行归纳，再交流. 这不仅可以提高合作学习的有效性，而且还不失时机地培养学生独立思考的能力和潜意识里的竞争心理.

片段 2：2014 年 11 月 16 日，东路片区“同课异构”的观摩活动——“一元一次不等式（3）”中，上课教师给出了问题 1：以班级为单位，中国旅行社的原价是每人 100 元，可以给我们打 7 折；金秋旅行社的原价和中国旅行社的相同，但可以给 5 人免费，并且其他人费用打 8 折.（1）如果我们班全体同学都参加，选择哪一家旅行社比较省钱？（2）如果只有 30 位同学参加，选择哪一家旅行社比较省钱？（3）在参加人数还不确定的情况下，如何在这两家旅行社之间做出选择？说说你的看法.

师生以问答形式共同解决前两问后，第三问教师安排了小组合作活动，过程如下：教师问：① 这道题目应选择哪种数学模型？能用方程来解吗？还是用别的数学模型？② 问题中有哪些相等的数量关系和不等的数量关系？要求学生分组进行讨论，然后分组发表各自的意见. 最后教师总结：在现实生活中存在相等关系，还存在大量不等关系，我们要善于用数学的眼光看问题，分清量与量之间的关系属于哪种类型. 然后建立数学模型——方程或者不等式，从而解决问题.

反思：在这个小组合作活动中，问题的设置原本是有挑战性的，可是教师增加的两问：① 这道题目应选择哪种数学模型？能用方程来解吗？还是用别的数学模型？② 问题中有哪些相等的数量关系和不等的数量关系？这就使这个合作活动的趣味性大打折扣. 这两个问题如果能在合作讨论中由学生自发地提出，就达到了激发学生思维的效果. 合作中教师过多的帮、扶，会使学生缺乏应有的自主性，从而使合作活动低效.

建议：这是一个很有讨论价值的问题，笔者认为，教师在安排这次合作学习活动时，可以这样来处理或许更具有实效：① 利用多媒体把这个数学问题置于一个现实的生活场景中，并辅以几张班级老师和同学的外景图片，这样可以激发学生解决问题的热情，同时让学生明白数学来源于生活也将服务于生活的数学理念. ② 这三个问题不要同时出现，一个一个让学生讨论解决，并且开展小组竞争和质疑比赛. 让学生在人数不同的情况下进行费用计算的同时，明白选择哪家旅行社更省钱，这不是商家决定的，也不是顾客决定的，而是取决于实际问题的具体情境. 最后一问再来讨论这个具体情境的人数界线.

建议原因：数学问题的解决除了基本的建模理念之外，笔者认为，数学与生活是紧密联系的，我们要利用好课题中的一些契机，给学生灌输：数学来源于生活，也终将服务于生活，我们学数学就要学“人人必需的数学”“有价值的数学”，还要让“不同的人在数学上获得不同的发展”.

当然，从身边的课例中通过认真学习与反思，还会发现小组合作活动中的许多误区. 例如，小组合作活动中组织的方法缺乏科学性，任务模糊，个体责任不明，效率低下；小组合作活动的内容选择不当，问题简单，注重形式，缺乏实质；以及不和谐的课堂互动，如教师指导不到位，等等. 这些都促使我们去继续思考：小组合作活动有效开展的基本条件是什么？怎样设计合作活动的目标？选择什么样的内容，才能使合作活动有效？

9.1.2 在数学课堂中我们该怎样来提高学生合作学习的有效性，从而使课堂更高效

合作是现代社会赖以生存和发展的动力，学会合作是守正出新、面向未来的基本能力之一.《义务教育数学课程标准（2011 年版）》指出：“有效的数学学习活动不能单纯地依赖模仿与记忆，动手实践、自主探究与合作交流是学生学习数学的重要方式”. 如今，小组合作已经成为学生学习数学的一种重要方式，成为现代数学教学的科学教学法之一. 小组合作能够让学生在学习数学过程中感受彼此不同的思维方式和思维过程，这既可以实现优势互补、促进知识建构，又可以培养学生与他人合作的意识和能力，产生学习数学的兴趣，提高学习数学的效率，对学生的终身发展都有重大意义. 那么在数学教学中如何让小组合作更有效？笔者认为有以下几个方面需要关注：

1. 科学合理地组建学习小组，为学生搭建合作交流的平台

在传统的教学中，课堂上老师和学生之间多是一问一答. 老师为了教学进度，学生为了自尊，就会出现课堂上被那些学习好的学生垄断，而学习差的学生没有发言权的局面. 即使是小组合作学习中，如果不能很好地解决教育的公平性，仍然会出现，学生虽然团团坐，几个人在一起，但小组往往会成为优等生的“一言堂”，他们的意见和想法统领着小组的意见和想法，使其他学生的参与流于形式，不能真正发挥每个学生的主体作用，导致学生两极分化严重，课堂秩序混乱，教师难以驾驭课堂. 因此，在平时的教学中要让每一位学生知道，合作的力量大于一个人的力量，众人的智慧要强于个体的智慧，从而让学生从主观上接受小组合作学习. 在小组组建时，要让每一名学生明确自己在小组中的角色及责任意识，将全班学生按照学业水平、性格、性别、家庭背景等差异分成若干小组，每组 4 ~ 6 人. 每组都应包含学习成绩好、中、差的学生，分组的时候要考虑使全班各组平均成绩大致相同；不允许学生自由组合，防止组内同质现象出现. 这样小组间力量相当，让学生相互间的学习成为可能，既避免了课堂上的纷乱，又显得公平且利于竞争.

2. 在学生质疑、讨论环节，设计要合理，讨论内容要体现合作价值

在数学课堂教学中，需要合作讨论的内容必须具有一定的探究性，以真正体现合作价值所在. 不是所有的课堂学习内容都要采用小组合作方式，如果是较简单的学习任务，学生能自己解决的问题尽量让学生自己解决，以发展学生独立解决问题的能力，以免产生依赖性. 如果是较复杂的学习内容，依靠学生个体的独立思考是没办法解决的，这时可采用小组合作学习，鼓励学生之间展开讨论. 然而有的教师组织学生合作学习的目的主要是显示课堂形式的多样性和课堂气氛的热烈，为了合作而合作，这样的合作徒有形式，并没有多大实效. 不论什么教学内容都合作，就失去了合作的意义和作用. 把一些毫无讨论价值或过于简单的毫无难度的问题交给学生讨论，纯粹是浪费时间. 数学学习中那些具有很强的开放性、探究性和趣味性的内容，才是我们开展小组合作的内容.

3. 学生合作交流学习时要明确合作要求，老师要注重合作过程

学生合作交流时，教师要适当指导，使学生亲身经历问题的解决过程，这样能更有效地促进学生对数学知识的掌握．有些时候，教师组织学生小组合作学习，但问题一出现，教师就组织学生对问题的结果进行讨论，而不引导学生先自己探究，深入思考，这样的合作交流学习是没有意义的．一般情况下，教师所提出的要讨论问题的难易程度应和所给讨论时间成正比：难一点的、有价值的问题多给点时间，反之就少给点时间，这样既保证了讨论的有效性，又不至于浪费时间．另外，若要顺利地合作完成一项任务，还需要教师对合作小组各方面给予认真的思考和关注．在课堂教学实践中，应努力营造一种生生互动、师生互动的合作氛围，让学生从心底深处萌发一种想和同学交流，想和老师切磋，更想把自己的观点和大家说一说的愿望．如初三教材"概率"一章中教学"游戏规则的公平性时"，在摸白球和红球时，先向学生提出合作要求：要求小组成员分工合作，一人摸球，一人搅球，一人大声地汇报每一次摸球的结果，一人记录，两人监督摸球的人是否作假．在以上融洽的合作氛围中，学生的合作欲望陡然而生，人人都做得很认真．学生在合作中既满足又愉悦，有观点的交锋和智慧的碰撞．在浓浓的合作氛围诱发下，不同层次的学生更为积极主动地学习，相互借鉴、取长补短．而小组合作形式的多样性就是为学生提供合作的环境，搭建更为开放的舞台，使每位学生都有锻炼和表现的机会，使学生在交往中"取长补短"．对学生而言，这种交往意味着心态开放，主体性突出，个性张扬，创造性得到释放．在小组汇报时，教师要组织学生认真倾听发言人的发言，允许组内成员和组外人员进行评价、补充、纠正和修改，但要让组内成员优先，把小组汇报扩展为全班讨论、全班交流．这样，人人都有思考和评价的任务，既能使知识资源得到共享，也能使每位成员掌握思维的主导方向，防止开小差．

4. 老师运用多媒体技术给学生以课件形式展示，能够更好地优化并促进小组合作

在组织学生小组合作时，很多情况下合作效果不好．其原因有很多．有的老师认为主要是学生习惯于老师讲，学生记录这种教学模式，而对于

小组学习，学生在主观上就不想参与. 其实很多时候是学生现有的知识储备不能够完成学习任务的讨论，更不知从何处着手. 此时，教师就要教会学生运用书本上提供的知识以及自己以前的知识储备，当然这在某种程度上还不够，还要让学生借助互联网，在网络上搜集有关问题的知识，从而很好地解决问题. 而教师在教学过程中能运用多媒体信息化技术手段，把问题的发现、解决和应用的过程能够很好地展示出来，可以帮助学生更好地掌握这一过程，从而提高小组合作学习的有效性.

5. 老师、学生都要及时总结评价，以激发学生合作的热情和动力

为了激发学生小组合作学习的兴趣，发挥其合作功能，教师要对小组合作的活动情况进行积极地评价，小组与小组之间要评一评、比一比、赛一赛，看看哪一组最有创新，哪一组最守纪律，哪一组最团结，哪一组最快，等等. 对小组中成员的表现也要进行分阶段的评价，主要从参与是否积极，合作是否友好，工作是否认真负责等方面进行，尤其要关注那些在学习上有一定困难的学生，对他们的每一点进步都要给予及时的肯定. 对表现好的小组和个人要发给一些小奖品，如五角星、作业本等，定期评比选出“合作明星”“质疑能手”，等等. 课堂中的小组合作，不仅为学生创造了一个宽松、和谐的环境，而且还使学生始终保持一个良好的心态. 同时还能较好地满足孩子的交流欲望，使他们能在交流中得到别人的尊重和赞许，享受到成功的快感，从而激发他们学习的兴趣，提高他们学习的积极性，促进和增强全班学生的学习效率.

小组合作学习为课堂注入了活力，越来越受到很多教师的首肯，也越来越被学生所喜欢. 这种学习方式不仅体现了学生的主体作用和教师的主导作用，而且激活了学生的思维，训练了学生的语言能力和学习能力，使学生之间增进了情感，使课堂教学更加科学合理，同时也融洽了师生关系. 合作学习产生的辐射作用，为学生的终身发展提供了广阔的前景，越来越显示其强盛的生命力. 作为教师的我们，应从实际出发，结合学生特点，不断地探索研究，让我们的小组合作更有效！

总之，我们要在实践中积极反思，在思考中认真改进，在改进中不断提升. 不禁自问，对“数学课堂中的小组合作学习”这一领域的研究，我还可以做什么？诚然，课堂中可开展合作学习的领域还有很多，如复习课、练习课、综合实践课等，在合作学习过程中，值得研究的因素也有很多，如评价的跟进、小组的考核等，这些都有待我们去思考、去探索，同时也期待更多的教育人参与小组合作学习的探究与实践，让我们这项“太阳底下最光辉的事业”进行得更完美！

9.2 初中数学课堂小组合作有效性探究

在近几年的学习观摩实践中，我们的数学课堂发生了可喜的变化：小组合作学习这一教学模式的应用给课堂教学注入了活力，它不仅使师生之间，学生之间更有效地进行语言交流，而且还培养了学生的合作意识和团队精神，进而促使学生相互学习，共同提高，有力地促进了课堂效率的提高. 那么怎样才能使小组合作探究学习在我们的数学课堂中更高效呢？下面我们一起来探讨.

9.2.1 小组合作学习的前提 ——合理建构小组

1. 科学的组合

要想让小组合作学习能有效地进行，首先必须对学生进行合理的分组. 小组成员的组成一般遵循“组内有差异，组间求均衡”的原则. 建小组时要考虑到学生的学习成绩、能力、兴趣爱好等多方面因素. 每个小组的人数 4～6 人，每学期调整一次. 在一些特殊情况下，如当接受一些具有挑战性的学习任务，或者供学生自主选择的学习任务难易差距较大时，可以采取学生自愿组合的方式. 但这时教师要给予学习困难的学生组合的小组更多关注，对这些学生及时地进行鼓励和点拨，或参与他们的学习，让他们树立信心，发挥他们的学习潜能，促进其各方面发展.

2. 明确任务，合理分工

小组成员必须明确小组的共同任务和独自承担的任务，明确自己任务的完成情况关系到小组整体任务完成的好坏. 在明确任务之后要进行合理分工，教师可以事先和同学们共同商讨并明确分工. 例如，以 6 人为例. 1 号是组长，他是老师的缩影，负责组织学习、讨论、归纳； 2 号是纪律委员，负责组内的纪律，提醒和监督没有进入学习状态的学生回归正常的学习轨道；3 号是发言人，负责汇报组内的观点，展示组内的探究成果；4, 5, 6 号为组员. 教师应根据不同活动的需要设立不同的角色，并要求小组成员既要积极承担个人责任，又要相互支持、密切配合，发挥团队精神，有效地完成小组学习任务.

9.2.2 小组合作学习的关键 ——教师的指导

1. 考虑合作学习是否必要

小组合作学习作为一种组织形式，只有与实际教学结合起来才能评价是否必要. 根据学生情况和教学内容有所选择，实现学习方式的多样化，避免把所有内容都放入“合作学习之篮”，以真正提高学习效率. 建议以下几方面的教学内容可以让学生展开小组合作学习.

（1）探究性问题的教学. 在此类问题的教学中组织小组合作，可以让孩子们互相借鉴，以了解规律得出的思维过程和方法，从而取长补短.

（2）开放性问题、一题多解问题的教学. 在开放性问题、一题多解问题的教学上采取小组合作，可以让孩子们一起对该问题进行一个透彻而全面的理解，能较好地培养孩子们的发散思维.

（3）操作性问题的教学. 在数学教学中，很多规律、结论的得出需要经历动手操作、归纳猜想等过程，有时仅凭个人智慧是不够的，需要挖掘集体智慧，实现真正地理解与把握. 例如，八年级上册轴对称性质的教学中，将一张矩形纸对折作出轴对称图形再展开观察以回答问题，这个时候应该是组织小组合作的良好时机.

（4）易混淆问题的教学. 在教学中，有些概念的教学，学生容易混淆，这时可开展小组合作学习，让学生充分合作交流就会加深其对知识点的辨别. 例如，八年级上册“探索三角形全等的条件”时，学生对“两边及一角相等”的两个三角形是否全等，因为存在着“两边及夹角相等”和“两边及其中一边的对角相等”两种情况，看似相似的条件，其结果一个是定理，一个是假命题. 如果直接告诉学生结果，以后势必出现用“两边一角”证明全等的错误；如果让学生充分地进行合作探究，导出错例，就会降低发生错误的概率.

2. 教师的指导和调控

在学生进行小组学习时，教师首先应发挥组织者和引导者的作用，设计好小组讨论的问题和活动的要求；在小组深入开展合作与交流时，教师又应该成为学生学习的促进者和合作者．为使小组学习富有成效，教师必需置身于学习小组中，适时了解学生的学习情况，并进行有效的指导和调控．具体应做好以下三方面工作：

（1）教学组织中的引导工作．采取合作学习时，需要教师精心组织，避免学生在互相争执及拖延中浪费宝贵的学习时间．所以，在组织合作学习时教师必须做好引导工作，以提高合作学习的有效性．① 在合作学习时，要让学生有秩序地分别发表自己的意见和建议，避免个别学生独占时间，要让每个学生都有表达的机会，同时也避免了争着说、同时说的无效学习行为．② 由于班中分成了若干个学习小组，教师无法一一顾及，这时每个学习小组中就需要有一个核心人物来组织此学习小组的学习行为．③ 在小组合作学习的时候，学习伙伴之间不可避免地会发生意见冲突，如果不能正确地引导，小组成员间往往会争执不休，从而造成学习上的偏向．所以，我们要引导学生在充分发表自己意见的基础上学会分析，学会判断，学会归纳整理．④ 在合作学习时，教师要善于引导学生倾听其他学生的发言，避免交流时有过多的雷同内容，从而提高学习实效．

（2）学习程序上的引导作用．应该说，小组合作学习的学习过程是一个循环反复的过程．学生在教师提出问题，或自我发现问题后，通过自读自悟的方法先尝试自我解决，再进行小组合作学习，这样可以让学生交流学习情况，展示学习思路，并进行群体的判断、综合，得出解决问题的方法与途径；最后再反思与深化来发现深一层次的，或者是新的问题，从而推动小组学习的进一步深入．例如，在“平方差公式”一节中，平方差公式的推导及归纳是教学重点，而理解字母含义，灵活运用公式进行计算是本课的难点．为此，教师可由实际问题引入：阳光小区计划将一个边长为 a m的正方形花坛改造成长为$(a+1)$m，宽为$(a-1)$m的长方形花坛，你会计算改造后的花坛面积吗？这个算式的答案有什么特点？接着再出示四道题：

① $(x+1)(x-1)$；　　② $(3x+2)(3x-2)$；

③ $\left(b+\frac{1}{2}a\right)\left(b-\frac{1}{2}a\right)$；　　④ $(-x+2y)(-x-2y)$.

要求学生独立求出答案，再小组合作交流这四道题存在什么规律，它们的结果又有什么规律，进而归纳发现的规律. 教师在小组活动时要深入到每个小组，针对不同情况加以引导，最终推导出公式. 这里，教师先让学生独立思考，待时机成熟后再合作探究，然后再合作交流. 也就是说，要发挥学生自主探索与合作交流的效能,以培养学生综合运用知识的能力，集众人之智慧，体验合作学习成功的乐趣.

（3）善用方法进行引导. 学生在合作学习中遇到学习障碍时，教师要适当进行点拨. 这就要求我们的教师在参与学生的合作学习过程中，运用各种点拨方式以使学生能进一步深入学习. ① 启动式的点拨. 有些情况下，学生在取得了一定的学习成果之后，认为已经达成了目标，从而造成学习过程的终止. 此时，教师要在了解学生学习进程之后，给予及时的肯定与表扬，并启动学生的下一步学习. ② 提示式的点拨. 当学生对完成学习内容有一定的困难时，教师要及时发现，并给予一定的提示，让学生找到继续学习的途径. ③ 点睛式的点拨. 在学生合作学习到了关键时刻，教师可以采用“突破”式的点拨，以使学生的学习目标一步达成.

9.2.3　培养学生良好的合作学习习惯

1. 让学生学会倾听

合作中，同学之间最大的问题是不能容纳别人的意见. 教学中，我们常看到，当一个同学发言时，还有许多同学举手，有的甚至就直接打断别人说话，大声地发表自己的见解. 所以，引导学生学会倾听是非常必要的. 在小组合作学习时，教师要着力培养学生认真倾听别人意见的习惯，要有意识地训练学生. 要求学生具体做到：一要耐心. 无论是听老师讲课，还是听同学发言，特别是当同学的发言有错时，一定要等别人把话说完，再用恰当的方式指出不足. 二要虚心. 当别人提出与自己不同的意见时，要能虚心接受，边听边修正自己的观点. 三要用心. 在听取他人的意见时也不能盲从，要有选择的接受. 学会倾听不仅是学会学习的需要，而且也是学会尊重，学会交往，学会做人的需要.

2. 让学生学会反思与调整

合作后的反思与调整是学生思维在经过合作碰撞后的一次内化与升华. 由于每一个学生都有自己的认知结构，这就导致学生在学习中所获得的信息各有差异，而合作学习就是要利用这种差异，通过师生、生生之间的协商、交流和讨论，经整理后形成解决问题的方案. 每个个体在与其他同学的成果和观点进行对比分析的同时，应认识到自己与其他同学想法的局限性或想法的合理性，以检验自己学习成果的准确性与有效性.

9.2.4 建立多元化的评价制度

小组合作学习的评价方式是多样化的，可以自评、互评、小组评、全班评，还有教师评. 小组之间进行评价时，教师要让学生充分考虑到每个小组成员是否都积极参与到小组合作之中，小组内成员之间是否协作，小组内成员是否在合作中有所创新，小组内成员是否遵规守纪，等等. 这些评价要全面，重点要侧重于学习过程. 小组在自我评价时，教师应要求他们实事求是，对本组的水平及其表现有一个客观的评价，既能发现优点，又能找出本组的不足，以使整个评价重心由鼓励个人竞争达标转向大家合作达标，使学生把个人的成功融入团体的竞争中去，以激发学生主动参与合作的积极性，达到共同提高的目的.

总之，合作学习的成功与否，同教师的引导与参与是分不开的. 要使合作学习卓有成效，仅仅依靠教师事先的设计是远远不够的，因为在开展合作学习的过程中，随时都会有意想不到的问题发生，如果这些问题得不到及时有效的解决，往往会阻碍合作学习的顺利开展. 因此，除了事先宣布合作规则外，在很多情况下，教师要对各个小组的合作学习进行现场观察并介入，为他们提供及时有效的指导. 合作方式有多种，合作手段也有许多，我们可以根据教学内容的特点和本班学生的特点，设计不同的合作方式和手段，以建构有效的数学课堂学习合作小组.

9.3 “反比例函数的意义”案例分析

一、主题

“反比例函数的意义”是人教版九年级下册第二十六章第一节的内容，

共分为两个课时，我们要研究第一课时．根据新课程的要求，考虑到学生的认知规律和心理特点，结合本课特点，让学生经历从实际问题中抽象出反比例函数模型的过程，体会反比例函数来源于实际．让学生经历反比例函数的形成过程，体验函数是描述变量间的对应关系，从而理解反比例函数的意义．能够根据已知条件确定反比例函数的表达式．

二、背景

"反比例函数的意义"是在平面直角坐标系、一次函数、二次函数学习的基础上，再次进入函数范畴进行学习的又一类新的函数．在此之前，学生已经学习过反比例关系和分式的知识，这些均为本节课的学习打下了良好的基础．通过本节课的学习，又为以后更高层次函数的学习做好了铺垫．因此，本节课在知识结构上起了承前启后的重要作用．

三、情境与过程

（一）课前准备

例题：一个游泳池现有水 $50\ \text{m}^3$，每小时放出 $a\ \text{m}^3$ 的水与放水时间 t 成__________（填"正比例"或"反比例"）．

一般地，在某一变化过程中有两个变量 x 和 y，如果对于变量 x 的每一个值，变量 y 都有_________与它对应，我们就称 y 是 x 的_________，其中 x 是_____，y 是_______．

（二）自主学习

1. 鲁班水库是四川省著名风景旅游区之一，其围库公路总长约 27 km，某旅客开车以 v 的速度环库观光旅行，则行驶时间 t 与行驶速度 v 的关系是____________．

2. 三台县某居民小区要种植一个面积为 $1000\ \text{m}^2$ 的矩形草坪，草坪的长 y 与宽 x 之间的关系是_____________．

3. 已知绵阳市的总面积约 $20250\ \text{km}^2$，人均占有面积 S 与全市总人口 n 的关系是________________________．

上面三个函数关系式在形式上有什么共同点？

创设这样一个情景的目的是使学生从生活中发现数学问题，感受到数学来源于生活，从而激发学生的学习兴趣．

（三）归纳小结

形如____________（k 为常数，且 $k \neq 0$）的函数，叫做反比例函数，

其中 x 是________，y 是______________，k 叫反比例系数.

备注：1. 自变量 x 的取值范围是不等于 0 的一切实数.

2. $y=\frac{k}{x}$ 可以改写成下列式子的是（　　　　）.

A. $k=xy$　　B. $y=kx^{-1}$　　C. $y=kx$　　D. $y=k\cdot\frac{1}{x}$

通过学生自主归纳，教师重点讲解，让学生明白本节课的重点是什么，难点是什么，在运用反比例函数时应该注意什么.

（四）自学反馈

为了能使学生更加深入地理解并掌握反比例函数概念的外延和内涵，我特别设置了四道辨析练习：

1. 下列函数中，反比例函数是________；每一个反比例函数相应的 k 值是______________.

① $y=\frac{0.4}{x}$　　② $y=5-x$　　③ $y=\frac{-2}{5x}$　　④ $xy=-\frac{1}{3}$

⑤ $y=-\frac{5}{x}$　　⑥ $y=2x^{-1}$　　⑦ $y=\frac{2a}{x}$

由于本问题的难度比较小，可以让大部分学生都体验到成功的喜悦，同时巩固了反比例函数的概念，有助于概念的理解与掌握.

2. 函数 $y=-3x^{n-2}$ 是反比例函数，则 $n=$__________.

3. 如果函数 $y=(k-1)x^{-1}$ 是反比例函数，那么 k 的取值范围是________.

4. 已知函数 $y=\frac{a+1}{x^{a^2}}$ 是反比例函数，则 $a=$__________.

练习 2, 3, 4 对反比例函数的表达式及其两种等价变形形式进行了考查.通过这样四道当堂小练习，教师可及时获取反馈信息，并对学生认知上的偏差及时发现并给予纠正.

（五）合作探究

1. 绵阳市政府为鼓励大学生自主创业采取了一系列优惠政策. 某大学生毕业后回到家乡兴办养殖场养殖龙虾. 已知一只成年龙虾的质量 y(g) 与养殖场养殖龙虾的总数量 x(只)成反比例，当 $x=20$ 时，$y=250$.

（1）写出 y 关于 x 的函数解析式；

（2）当 $y=200$ 时，求 x 的值.

2. 已知函数 $y=y_1-y_2$ ，y_1与 x 成正比例，y_2与 $x-2$ 成反比例，且当 $x=3$ 时，$y=5$；当 $x=1$ 时，$y=-1$，求出 y 与 x 的函数解析式.

根据已知条件求出函数表达式，是本节课要完成的一个教学目标. 为了完成这样的教学目标，设置了一个实际问题和一道计算类题目. 教师引导学生完成第一个实际问题后，结合学生之前学过的用待定系数法求一次函数解析式，总结用待定系数法求反比例函数解析式的方法. 为了培养学生用知识迁移来解题的能力，让学生试着独立完成第二个案例，并找出一名中等程度的同学上台演板；教师在教室中巡视，对学生进行有针对性的帮助，最后对同学们的解题步骤逐步纠正、点评，并把写得好的进行展示，帮助学生建立自信心.

（六）课堂小结

一节课要经历几个教学阶段，而且后面的教学活动往往会冲淡前面的学习内容，使学生难以形成完善的知识结构. 因此，教师要组织学生把课堂内容进行小结，引导学生做一番简要的回忆和整理，厘清知识的脉络，弄清新知识的关键，使课堂教授的知识尽快转化为学生的素质.

（七）当堂训练

1. 下列函数中是反比例函数的有________________.（填序号）

① $y=-\frac{x}{3}$　② $y=-\frac{2}{x}$　③ $y=\frac{-3}{2x}$　④ $xy=\frac{1}{2}$

⑤ $y=x-1$　⑥ $\frac{y}{x}=2$　⑦ $y=\frac{k}{x}(k\text{为常数}, k\neq 0)$　⑧ $y=3x^{-1}$

2.（1）为实现义务教育均衡发展，我校购买了 280 套桌椅需用汽车运输回学校，那么汽车数量 y 辆与一辆汽车运输桌椅的数量 x 套的关系是________________；

（2）一个游泳池的容积为 $2000\ \text{m}^3$，游泳池注水时间 $x(\text{h})$ 随注水速度 y（m^3/h）的关系是________________.

3. 当 $k=$________________时，$y=(k^2-1)x^{k^2+2k-4}$ 是反比例函数.

4. 鲁班水库鱼类密度大，每年 5～10 月都会吸引众多的钓鱼爱好者前来钓鱼. 已知每年每个钓鱼爱好者钓鱼的数量 y 是钓鱼爱好者人数 x^2 的反比例函数，并且当 $x=30$ 时，$y=20$.

（1）写出 y 关于 x 的函数解析式；

（2）当 $x=20$ 时，求 y 的值；

（3）当 $y=180$ 时，求 x 的值.

5. 已知变量 y 与 x 成反比例，并且当 $x=3$ 时，$y=7$；

（1）写出 y 与 x 之间的函数解析式；

（2）求当 $x=7$ 时函数的值.

6. 反比例函数 $y=\dfrac{k}{x}$ 和一次函数 $y=\dfrac{1}{2}x-4$ 都经过点 $A(-2, m)$，求反比例函数的解析式.

当堂训练的目的是使学生独立运用知识于实际，形成技能技巧；通过练习，可以加深学生对知识的理解，培养学生独立分析问题和解决问题的能力.

四、结论

函数是描述现实世界变化规律的重要数学模型. 函数思想是一种重要的数学思想，它是刻画两个变量之间关系的重要手段. 通过引入大量的、与学生联系紧密的实际情境，让学生体会到数学来源于现实生活，这样学生对反比例函数概念的理解也就更加容易，同时再尽可能多地给予学生练习，并及时归纳，也就强化了学生对知识和技能的掌握. 若在练习中穿插与学生联系紧密的实际问题，学生就会明白数学的学习最终又服务于生活. 通过学习反比例函数的意义，可以培养学生的合作交流意识和探索能力.

五、启示

通过本节课教学，可以得到以下几点启示：

1. 兴趣往往是从学生了解的、熟悉的知识开始的，在教学中，应该引导学生调动多种感官参与到知识的生成过程中.

2. 重视合作交流，使学生在合作交流的过程中真正掌握作图的技能.

3. 相互评价可以培养学生之间团结合作的精神.

在数学教学中，评价的形式有很多，但较多的是由教师对学生的学习做出的评价，教师扮演着“裁判员”的角色. 而在这节课中，除了教师对学生进行评价外，更重视了学生之间的相互评价，让学生在相互评价中既培养能力，又寻找到问题解决的方法，最终达到自我矫正的目标.

4. 让学生养成在众多意见中进行甄别、选择的习惯，使学生在实践的过程中形成自己独特的数学学习方法.

教学永远是一门不完美的艺术，我们只有以“没有最好，力求更好”的心态不断地改进我们的教学，并及时反思在教学中需要解决的问题，才能实现真正意义上的与时俱进.

第 10 章

基于核心素养的初中数学概念教学探微

10.1 初中数学概念教学策略剖析

数学概念是数学的逻辑起点，是学生认知的基础，是学生进行数学思维的核心，也是培养学生直观想象、数学抽象、逻辑推理等核心素养的重要载体. 数学概念与数学原理构成了数学核心素养中的数学知识，因此，在培养学生的数学核心素养时，数学概念的教学发挥着重要作用. 本章拟结合教学实践，具体分析数学概念教学存在的现状及教学策略.

10.1.1 初中数学概念教学现状

众所周知，理解数学概念，是学生学习数学知识的前提. 学生只有掌握好数学概念，才能真正理解数学知识，提高数学能力，才能更好地培养数学素养. 然而，相关调查表明，概念教学的现实状况与上述要求存在着较大差距，具体如下：

1. 数学概念教学重心错位，导致课堂教学实效性差

很多教师在数学教学实践中倾向于把精力集中在解题操练中，而轻视概念教学，在学生未能掌握好数学概念和思想方法时就进行大量的解题训练，这是教学重心的错位，将导致数学课堂上效益、质量“双低下”，使学生陷入训练再多也跳不出基础薄弱的怪圈.

2. 数学教师观念陈旧，素养欠佳

时下有相当部分数学教师，其教学观仍停留在传统的“你听我教”的授课方式上，始终坚持多做题比研究概念更有用，致使学生对数学概念及思想方法的理解不到位，对数学概念的核心把握不准确，抓不住本质. 而教师本人的研究积极性又不高，本位思想严重，数学素养欠佳.

3. **部分学生对数学概念学习存在畏惧心理**

数学概念是比较抽象、枯燥无味的，因此，多数学生在面对数学概念时，仍存在对概念的理解不清，轻视数学概念，对概念毫无兴趣甚至产生恐惧心理.

10.1.2　初中生获得概念的两种基本形式

根据奥苏贝尔有意义学习理论，初中生获得概念的两种基本形式是概念的形成和概念的同化.

1. **概念形成**

概念形成是指人们对同类事物的若干个不同例子进行感知、分析、抽象和归纳，从而概括出这类事物的本质属性的过程.

概念形成的心理过程：辨别（辨别事物的外部特征）—分化（对外部特征进行分类）—概括（概括出共同属性）—检验（确认关键属性）—定义（用语言概括表述出概念）—形式化（用符号等表示新概念）—组织（将新旧概念组织成概念系统）.

2. **概念同化**

概念同化是指运用已有的认知经验来对新概念进行加工，并通过新旧概念的相互作用，将新概念纳入原有概念系统，从而掌握新概念的过程.

概念同化的心理过程：定义（给出定义、名称和符号）—同化（概念相互作用，将新概念纳入概念系统）—强化（辨认肯定与否定例证，与相关概念分化）.

10.1.3　基于数学核心素养的概念教学策略

1. **整体构思，明确概念教学重难点**

（1）寻根究底，厘清概念.

概念教学不能“就事论事”，只注重这个“点”，这样只会“管中窥豹，时见一斑”. 应该弄清“概念的来源”“概念的内涵与外延”“与与之相关概念的相互关系”“概念的文化作用”等问题，寻找概念的根，理解概念的魂.

（2）明确概念教学的原则.

概念教学的原则是：问题本质要抓住，知识发展过程要注重，核心内容要突出，课堂教学要通过问题来引导，还要结合教材中“思考”“探究”等核心问题来设计，即要通过核心问题来引导教学，让教学围绕核心问题来展开.

2. 概念教学过程的几点反思

（1）教师应高屋建瓴地深入理解每个数学概念.

一节精彩的概念课离不开教师本人对概念的高屋建瓴的理解. 只有这样，教师在授课时才能化抽象的概念为具体，通过下定义、作比较等方法言简意赅、深入浅出地阐述概念的来龙去脉，让学生对该概念有一个较系统、完整的认识，从而深化对概念的理解.

（2）对概念的理解不能囫囵吞枣、走马观花.

在理解概念的基础上，还要结合大量的实例，反复地让学生对概念进行分析、比较、鉴别和归纳等. 只有理论与实践相结合，学生才能更好地掌握数学概念.

（3）概念教学的顺序要符合学生的认知规律.

概念教学时应注重学生的认知规律，从具体到抽象，由浅入深，再深入浅出，步步引导学生体验、理解概念的内涵，进而帮助学生掌握“特殊——一般—特殊”的认识顺序，让学生在学习中领悟方法、提升能力、激活思维、培养兴趣，为以后在数、式、形的运算、推理中应用数学概念打下基础.

（4）知己知彼，方能百战不殆.

概念之于学生是比较抽象不好理解的，所以在教学中，教师只有时时掌握学生学习的动态，全面了解学生的学习情况，有针对性地提出并突破教学的重难点，概念教学才真实有效.

3. 概念教学过程的策略

（1）要重视概念的形成过程.

数学概念一般是用定义来给它做出严格规定的. 因此，对一个概念的研究、探讨，要完全以它的定义为根据，因为定义对概念有根本性的意义.

给概念下定义，在数学教学中要予以特别重视. 但在传统教学中，教师往往会忽视这个重要环节，仅仅强调"从定义出发"，并不把定义作为一个教学过程，结果使学生不了解研究定义的必要性、可能性和合理性，给其学习过程带来了负面影响. 因此，在概念教学中，应尽可能地让学生参与下定义的过程，并把它作为概念形成的最基本、最重要的环节. 这样可使学生了解定义的背景，使得定义变得更鲜明、更切实际，也使下定义成为领会概念的生动的教学活动. 例如，在讲解"负数"这一概念时，如果把课本上的定义开门见山地直接出示给学生，让他们去背诵，那么学生就不可能真正理解"负数"概念，在思想上就容易产生为什么要引进这种新数的困惑. 之所以会产生这样的问题，一是由于负数的应用与学生日常生活中的联系，不像零和正数那么密切；二是那些应用负数来解决的问题，学生认为用算术中的数同样可以解决. 因此，要使学生更好地理解"负数"概念，教学时应从复习算术中的知识出发，把算术中学过的数做一次系统的整理. 在这个基础上，教师可总结如下一些问题：① 数是由解决实际问题需要而产生，并且由实际需要逐步发展的（结合自然数、正分数的产生做说明）. ② 在自然数、分数之间可以比较大小，可以进行加法、减法、乘法、除法等运算. 利用这种关系和运算可以用来解决许多实际问题. ③ 仅仅利用这些数是不够的. 由于解决实际问题的需要，还要学习一种新的数，这样就可以转到负数的引入上来.

这样，负数的概念不是直接出示给学生，而是强调了这一概念的形成过程. 这样讲授概念，符合学生的思维发展规律，调动了学生的认知欲望，提高了学生对知识的领悟水平，为其应用打下了良好的基础.

因此，重视概念发生过程的教学，不仅可以使学生更好地获得知识，更重要的还是发展了学生获取知识的能力.

（2）讲解概念应多使用直观方法.

从直观到抽象是人们认识事物的过程，因此，在引入概念的过程中，可以通过实例、画图、多举一些例子，或采用多媒体教学等途径引导学生分析它们的特点，使学生从感性认识达到理性认识. 例如，给常量和变量下定义时，可以让学生先观察下面的例子.

一个圆的面积 S 与它的半径 R 之间的关系为 $S=\pi R^2$.

在此例中，利用公式 $S=\pi R^2$ 计算不同半径的圆的面积时，S 和 A 可以取不同的值，而π的数值保持不变. 这样，就得出定义：在某一变化过程中保持一定数值的量叫常量，在某一变化过程中可以取不同数值的量叫变量.

通过实例引入概念，经过了感知材料、分析抽象和综合概括的过程. 这样借助直观讲解概念不但使学生容易接受，而且使他们对知识的掌握会更加牢固.

（3）讲授概念还可适当地运用对比方法，在比较中理解概念.

对比的方法主要是比较两个相似的易于混淆的概念，以区分它们的不同点，从而抓住各自的特点与本质. 数学中的概念是很严格的，一字之差就使其含意有所不同，而且这些概念学生极易混淆. 例如，系数和指数是有区别的，$2a$ 和 a^2 这两个代数式中，2 作为 a 的系数表示加数 a 的个数，即 $2a = a+a$；2 作为指数时表示因数 a 的个数，即 $a^2 = a \times a$. 在引入“倒数”后还应与“相反数”进行对比分析，这两个概念是学生容易混淆的. 总之，教学方法是为教学目的服务的，教师应针对教材特点，选用不同的教学方法使学生学好数学知识.

（4）讲授概念时，应该引导学生认识概念的实际意义.

比如在讲“有理数比较大小”这一部分时，两个负数比较大小显然应为重点，对学生来说也是难点. 只让学生记住结论是不够的，关键是，应使学生充分理解“两个负数，绝对值大的反而小”的实际意义. 为此，可以温度为例. 例如，某地一月份平均气温 -5 °C，二月份平均气温 -3 °C，哪个月份平均气温高，显然，二月份的平均气温高，即 $-3>-5$. 最好让学生反复举些实例进行分析练习.

（5）讲授概念时应注意系统性.

数学概念的系统性是很强的，许多概念往往是建立在前一概念的基础上，而且它们之间的联系极为明显，如数轴、相反数、绝对值、有理数大小的比较等. 因此，掌握概念，不仅要记住概念的文字表达，掌握它的构成，还应当从系统的角度来学习，置知识于系统中，着眼于知识间的联系和规律，从而掌握概念的本质.

（6）应重视对概念的复习和巩固.

复习是战胜遗忘的重要手段. 概念在不断的运用中得到更深刻的理解，并在运用中沟通知识间的纵横联系，得到进一步巩固. 例如，在学习了方程、求代数式的值等知识后，可以出如下类型习题让学生分析：

① a 为何值时，$2a-3$ 为正？为负？为零？

② m 为何值时，$-m-1$ 为零？

这类习题不仅可复习用字母表示数、有理数、相反数等概念，还可以检查学生对方程知识的掌握情况.

（7）在纠正错误的观念中，正确理解概念

学生对概念的理解，有时会出现偏差，这时可出一些有针对性的题目让学生在掌握概念时出现的错误充分暴露出来，并选择最有利的时机来纠正学生的错误. 例如，学生往往认为 $y^2=2x$ 中，y 是 x 的函数，这时就要抓住时机给学生讲解，指出要判定两变量之间是否具有函数关系，主要看一个变量“在某一范围内的每一个确定的值”，另一个变量是否“有唯一确定的值与它对应”. 这里“某一范围”和“唯一确定”是两个非常重要的标准，缺一不可.“某一范围”是说一个变量的取值不是随意的，一般是要受一定条件限制的；“唯一确定”是指有一个而且只有一个的意思. 在 $y^2=2x$ 中，在 $x>0$ 的范围内任取一值，例如 $x=8$，y 有两个值 4 和 -4 与之对应，所以 y 不是 x 的函数.

讲解概念时，教师如果有目的地设计，创造学生争论的环境和气氛，让学生的问题充分暴露出来，并在教师引导下，在学生思维活动处于最积极状态下去纠正学生的错误，产生良好的效果是毫无疑问的.

总之，概念教学要注意过程性，没有过程就等于没有思想. 重视概念教学的生成，应以培养数学的核心素养为目标. 即不仅要让学生明白一些原理，更要让学生学会一种思维，一种对数学精神的领悟. 成功的概念课，就如同一段美好的旋律，给人一种美好的体验. 要让学生体会前辈的心路历程，探索先哲的数学思想，这才是数学教学的真谛，这才是数学育人功能的最好诠释.

10.2　初中数学概念同化的教学探究

10.2.1　概念同化的含义

概念同化是初中生掌握数学概念的一种基本形式，是指运用已有的认知经验来对新概念进行加工，并通过新旧概念的相互作用，将新概念纳入原有概念系统，从而掌握新概念的过程. 随着年龄的增长，认知结构中知识和经验的不断积累和智力的不断发展，概念同化的方式逐渐成为学生获得新概念的主要形式. 简言之，概念同化就是以概念解释概念. 在用这种形式帮助学生获得概念时，教师需要弄清学生的原有认知基础，更要找准新概念的知识生长点. 在此基础上，教师通过不断地追问来帮助学生逐步澄清概念的本质属性.

10.2.2 概念同化的心理过程

1. 辨认

辨认新概念中哪些是已有概念，新旧概念之间有什么联系. 辨认包含了知识的回忆与重现.

2. 同化

建立新概念与原有概念之间的联系，把新概念纳入原有的认知结构中，同时对原有认知结构进行改组，建构一种新的认知结构.

3. 强化

通过给出一些关于新概念的正例和反例，让学生通过进一步的辨认去实现对新概念的理解.

10.2.3 概念同化的基本教学流程

1. 创设情境

根据奥苏贝尔的解释，学生面对新的学习任务时，如果原有认知结构中缺少同化新知识的适当上位观念，或原有观念不够清晰和巩固，则有必要设计一个先于学习材料呈现的引导性材料. 引导性材料可能是一个概念、一条定律或一段说明文字，这种材料被称为先行组织者. 根据初中生数学学习的特点，在学习新概念之前，常常需要创设一个能支撑新概念的先行组织者式的教学情境，以使新概念的得出更为自然，更符合学生的认知实际，帮助学生顺利地对新概念下定义，并更好地理解把握新概念的内涵与外延. 这样的情境，可以是复习与新概念相关的上位概念或并列概念，也可以是一个与新概念直接相关的具体生活化情境或其他情境.

比如：学习三角形的概念时，在定义三角形概念之前，可提供一些直观的图片，或现实生活中的一些实物，组织学生观察它们的特点，获得三角形的直观体验. 再如，学习加权平均数的概念时，可举出一个生活化应用情境，在引导学生复习巩固平均数的概念基础上，通过解决情境中的问题，自然引出加权平均数的概念.

2. **下定义**

在由情境引出新概念后，可由教师直接给出概念的定义、名称和符号. 如“三角形”的定义为“由同一平面内不在同一直线上的三条线段首尾顺次连接所组成的图形”，其名称为“三角形”，符号为“△”.

3. **理解运用**

教师引导并提示学生注意概念的关键点，辨析概念的内涵，明确概念的外延，充实和丰富已有观念，同化新概念. 如：“三角形”这个概念的内涵是“有三条边、三边不在同一直线上、三边首尾相连、是封闭的图形”，而“三角形”的外延有“所有三角形，如直角三角形、锐角三角形、钝角三角形、等腰三角形、不等边三角形……”在理解概念时，需要引导学生把新概念纳入已有的概念系统，如把“三角形”概念纳入“多边形”的概念系统，从而使有关概念融合在一起，组成一个整体. 概念运用是将概念应用于新的问题情境，在解决问题的过程中同时理解概念的内涵及外延.

4. **概念精致**

概念精致指将概念的内涵和外延进行深加工. 如：二次函数自变量、因变量的取值范围，因变量与自变量的变化关系，函数的图象和形状、位置等.

10.2.4 概念同化的策略

认知心理学派认为实现概念同化应具备一定的条件：首先，学习者要具备把新概念与认知结构中原有的适当观念关联起来的意向；其次，对新概念的学习呈现的学习材料必须具有潜在意义. 两个条件缺一不可，否则会导致机械性学习. 因此，教学时要将新概念的定义或特征描述呈现给学生，并要求他们在两者之间建立联系，将其同化.

1. 探寻已有固定观念，注意新、旧知识间的联系

概念同化和概念形成教学一样，都是让学生理解概念的本质特征. 新概念的本质特征是用定义的方式直接呈现给学生. 例如：教学“正方形”概念时，要用学生头脑中已形成的上位概念“矩形或菱形”来同化. 因此，在进行概念同化教学时，揭示概念本质特征的定义中会涉及若干已有概念. 如：方程的本质属性是“含有未知数的等式”，其中涉及“等式”“未知数”两个概念，教师不仅要激发学生回忆出作为上位概念的“等式”，还要让学生回忆构成关键特征的“未知数”概念. 总之，在呈现定义性概念的本质特征前，一定要充实和丰富学生头脑中具有同化和理解新概念本质属性的原有知识. 概念同化学习，最常用的方式是温故引新. 为新概念学习而准备的旧知识的复习，不是漫无边际的复习，而是有针对性的复习，那么如何进行有针对性的复习呢？

（1）从旧知识中选择新知识的恰当的自然生长点. 因此，旧知识不仅能起到过渡与桥梁作用，而且还能作为纳入新知识的连接点与固定点.

（2）巧用比较法，通过比较新、旧知识之间的异同点引入新知识. 这样既可以避免新、旧知识之间的干扰，又利于促进新、旧知识之间的学习. 例如，通过平行四边形与等腰梯形异同点的比较，既巩固了平行四边形的概念，又让学生在已有认知结构的基础上吸纳和理解等腰梯形的新概念.

（3）设计“先行组织者”，引导学生把新知识与旧知识联系起来. 先行组织者作为先于学习内容呈现的一种引导性材料，其目的在于把新知识纳入已有的知识结构中，教师如果在教学设计时对先行组织者设计得当，学生甚至会出现创造性的理解方式和技巧. 例如：学生在学习平面直角坐标系概念之前，教师可以有意识地介绍法国大数学家笛卡儿的故事，因为这一故事中涉及笛卡儿如何经过冥思苦想解决了质点定位的问题. 这样既介绍了数学史有关内容，拓宽了学生的知识面，又起到了学习平面直角坐标系的先行组织者作用，从而激发了学生关注生活、勇于探索的意识.

2. 遵循认知规律，逐级提升概念同化的程度

概念同化的本质就是揭示新、旧概念的内在联系. 初中生正处于形象

思维向抽象思维的转变阶段，因此，初中数学概念同化学习中，新、旧概念联系的复杂性、抽象性决定了学习者对新概念的精确建构不可能一步到位，像概念形成一样，也应该遵循感知—表象—抽象的认知规律.

例如：引导学生认识负数时，学生对负数意义的理解，需经历一个逐步抽象的过程，需要引导学生实现一种渐进式的转换和提升. 具体可以设计成以下几个环节.

（1）情景感知. 要学习负数概念，教师要先复习正数与零的概念，然后创设教学情境，引出生活中许多具有相反意义的量. 例如，天气预报中的零上多少度与零下多少度；家庭收入 1000 元与支出 500 元；海平面以上 80 米与海平面以下 30 米，等等. 这些教学情境的创设，让学生充分感知到生活中确实有很多具有相反意义的量，而我们已经学习过零和正数的概念，那么与正数具有相反意义的数又叫什么数呢？从而有效地激发学生学习负数的好奇心和学习意向.

（2）数形结合.《九章算术》中“析理以辞，解体用图”. 古往今来，数与形密不可分. 数形结合具有双向性：一方面，“以形助数”——借助形的生动和直观来阐明数与数之间的联系；另一方面，“以数助形”——借助数的简洁性和概括性来提炼事物（图形）的本质. 显然，在认识负数的过程中，给学生提供了实际生活情景后，可以利用以形助数的手段，借助直线图形并将直线上的某点作为界点，来表示温度的零上与零下、海平面上与海平面下、向南与向北. 我们规定“交界点”表示零，其中一个方向上的点表示正数，另一个方向上的点就表示负数，这样就能通过图形充分感知到一对相反意义的量，这为负数概念的理解提供了丰富的图形直观支撑，使学生形成有关负数的清晰表象，为抽象出负数概念提供坚实的表象基础.

（3）抽象概括. 在学生经历生活背景与图形表示之后，就可在这些丰富的实例和直线图形的基础上抽象出负数的定义：比零小的数是负数. 正、负表示一对相反意义的量.

可见，概念同化的学习方式虽然从本质上说是一种从概念到概念的过程，但是新、旧概念之间联系的建立，不是一种简单的逻辑链接，同样需要根据学生的心理特点组织一个丰富生动的学习过程：情景感知—建立模型—抽象概括. 只有这样，才能使新概念真正与已有的概念体系相融合，获得意义建构.

3. 引导学生整合同化与分化，深化理解概念

奥苏贝尔在同化理论的基础上还提出了学习组织的四大原则. 其中，第一条原则就是渐近分化的原则. 该原则倡导在学习新知识的同时，明确新、旧知识的区别，并使新、旧知识的联系与区别协调整合. 这与美国心理学家威特金提出的心理分化理论是一致的. 心理分化的一般原则即从浑然一体到清晰分化的发展. 因此，学生对数学概念的意义建构也应该是一个同化到分化的过程，两者应有机统一. 在概念同化过程中，如果说同化是寻找新、旧概念的共同特征，那么分化就是辨析新、旧概念的区别. 对中学生来说，这种分化也应该是渐近式的.

例如，我们在学习了变量与常量概念后，引入函数的概念. 首先，我们要认识到函数描述的概念“雏形”：在一个变化过程中，有两个变量，一个变量随着另一个变量的变化而变化，但这是不准确的界定，没有抓住概念的本质特征. 函数的本质特征是：在一个变化过程中，有两个变量 x 和 y，对于变量 x 的每一个值，变量 y 都有唯一确定的值与它对应. 这里，可举出一个反例深入理解函数概念：y 是非负数 x 的平方根（$y^2=x$），y 不是 x 的函数. 这个反例，可促进学生对函数与一个量随另一个量变化而变化两个概念的分化，从而加深对概念的理解. 可见，在教学中，教师通过由粗略描述到精准定义、由肯定例证到否定例证的教学设计，可逐步实现新、旧概念的精确分化. 这一过程将求同的思维过程实施逆转：变求同为求异，变同化为分化，最终实现对概念的意义建构.

4. 引导学生掌握概念图策略

一个数学概念的获得，既包括对它本身含义的理解，同时还包括对不同概念间的各种相互联系的理解. 新的概念只有纳入相应的概念系统中，与其他概念建立必然联系，才能被学习者全面、深刻地理解和掌握. 概念图策略是指学习者按照自己对知识的理解，用结构网络的形式表示出概念的意义以及与其他概念之间联系的一种策略. 一个完整的概念图要包括命题、层次等级、横向联系和实例四个方面.

（1）命题. 命题是两个概念通过某个连接词而形成的，例如“无限不循环小数是无理数”这个命题是通过“是”而形成的.

（2）层次等级. 概念图中的概念必须是有层次性的，这以概念的抽象

水平为依据.

（3）横向联系. 概念图必须反映同一或不同抽象层次概念之间的“横向”联系.

（4）实例. 概念图不只是抽象的概念，还需要用具体的实例丰富和加深学生对概念的认识. 如实数的概念图如下：

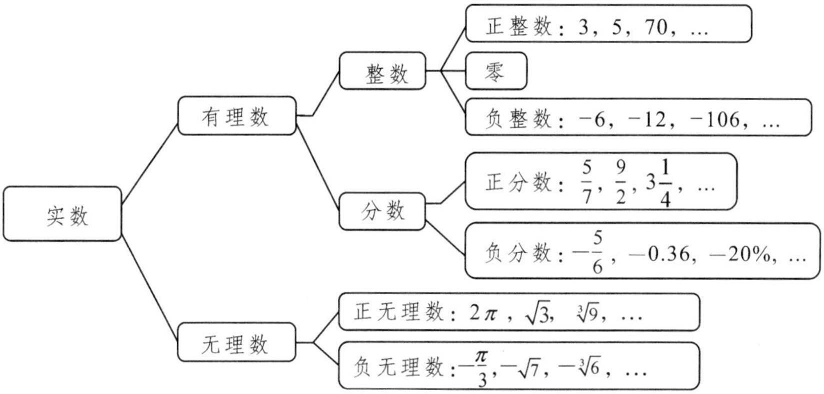

概念图是一种同化学习策略，更是一种有效的“学会学习”的方式. 引导学生掌握概念图策略可分为三个环节：首先，教师要结合具体实例，讲清楚概念图的构成及其制作步骤，做出示范；其次，学生模仿教师的步骤，编制概念图，教师应及时给予指导；最后，学生自己制作有关概念图，并在同学之间相互交流、比较和评价，及时修改和补充，从而加深对有关概念及其内在联系的理解.

总之，对于数学概念的学习，要厘清概念之间的关联，并将之纳入系统之中，这样才能真正掌握它. 因此，教师应积极引导学生把学过的概念进行分析和比较，揭示概念的共性、特性、区别与联系，形成概念的网络图.

10.3　初中数学概念形成的教学探究

教育家波利亚指出“学习最好的途径是自己去发现”. 因此，在概念形成过程中，要引导学生通过对具体事物的感知，自主观察分析、抽象概括，自觉获取事物的本质属性和规律，从而形成新的概念. 这样学生在获得概念的同时，还培养了其抽象概括能力和创新精神，同时也使学生从被动地“听”发展成主动地获取和体验数学概念，自主建构知识的过程. 这样才能充分体现以学生为本的教学理念，同时也促进学生学习方式的转变和优化.

10.3.1 概念形成的含义

概念的形成是初中生掌握数学概念的又一种基本形式，是指人们对同类事物的若干个不同例子进行感知、分析、抽象和归纳，从而概括出这类事物的本质属性的过程.

10.3.2 概念形成的心理过程

（1）对各种不同的刺激模式进行辨别性分析；

（2）提出关于已抽象出来的共同成分的假设；

（3）在随后的特定情境中检验这些假设；

（4）从这些假设中选择一个一般类目或一级共同的属性，使一切变式能够成功地归属于该类目或该组属性的范围之内；

（5）把这一组属性同认知结构中的有关超固定作用的观念联系起来；

（6）使新概念从以前学习过的一些有关概念中分化出来；

（7）把新概念的标准属性推广到这个类目的一切例子中；

（8）利用与传统用法相一致的语言符号表示该新类目的内容.

10.3.3 概念形成的基本教学流程

具体例子—归纳共性—概括本质—形成定义—理解运用—概念精致.

例如：在教学北师大版数学教材七年级“认识一元一次方程”一课时，关于一元一次方程的概念教学可以按如下的过程进行.

1. 具体例子

举出一些方程的例子，这些例子可以由现实生活中具体实例抽象得到，也可以是一些具体的方程. 这些方程既包含一元一次方程，也包含分式方程或一元二次方程等. 需要注意的是，举实际例子时，应该让学生能较为容易地从实际问题中抽象出方程模型，而不应在这个环节花费过多的时间. 如该节课中由教材的例子可得到的方程分别是：

① $2x-5=21$；　　② $40+5x=100$；

③ $\frac{22}{x}-\frac{22}{x+1}=\frac{1}{5}$；　　④ $x(1+147.30\%)=8930$.

我们还可以举几个例子，如：

⑤ $\frac{1}{2}x+3=2x$；⑥ $x^2-3x+2=0$；⑦ $3x+2y-15=0$.

在这个环节，如果学生的数学认知水平不高，数学理解能力较为欠缺，那么所举例子最好都是一元一次方程的例子. 如上述例子中，③⑥⑦等这样的例子可以放在“理解运用”环节，以免影响他们对具体例子共性的理解和把握，影响学生对概念本质的理解.

2. 归纳共性

让学生对给出的具体方程按一定的标准进行分类. 他们在对例子进行分类的同时，也在归纳属于同一类方程的共同属性. 如上述例子中，把方程①②④⑤归为一类时，学生要思考为什么要把它们归成一类. 也就是说，他们可能会认为，相较于方程⑦来说，这些方程都只含有一个未知数，而相较于③和⑥来说，这些方程的未知数的指数都是 1，而且这些方程的两边都是整式，未知数的系数可以是整数也可以是分数，它们都是方程，等等. 为帮助学生更好地归纳出同一类对象的共同属性，我们所提供的具体例子应该丰富，但并不是越多越好，应该考虑课堂教学的经济性.

3. 概括本质

在前面归纳的同一类事物的共同属性中，有些能反映这类事物的本质属性，有些只是这类事物的附加属性. 形成定义的关键是概括出共同属性中的本质属性. 因此，我们需要对归纳得到的共性做进一步的概括化思考. 如得到的上述方程的属性中，其本质属性就有：只含有一个未知数；未知数的指数都是 1. 这两个属性是区别于其他不同类型方程的一元一次方程自身所独有的属性. 在这个教学环节里，教师需要做适当的引导，引导学生对上一环节所归纳出的共性，结合具体的例子，去掉一些非本质的属性. 如结合方程⑥，可以去掉“方程的两边都是整式”这个属性；结合方程⑤，可以去掉“未知数的系数可以是整数也可以是分数”，等等.

4. 形成定义

也就是用数学文字或数学符号语言，以符合数学语言表达的规则把本质属性连接起来. 当然，在连接成定义时，有时还需要加入新概念的属概念. 如一元一次方程概念的属概念是方程，因而在给一元一次方程下定义时，需要把方程这个概念加进去. 也就是说，只含有一个未知数，而且未知数的指数都是 1 的方程叫一元一次方程. 学生下定义的过程，是一个从不严谨到严谨、从繁杂到简洁、从具体到抽象的不断完善的过程，是学生对自身思维的不断反思与修正的过程. 这就需要课堂上给学生更多的思考与表达的时间与空间，以帮助他们学会数学地表达，学会下定义.

5. 理解运用

理解运用也就是分析理解概念的内涵与外延，并将新概念应用于新的问题情境，在运用的过程中进行理解，在理解的过程中学会运用. 理解概念的方式常常有两种：一种是通过对描述定义的语言进行挖掘，理解它所包含的属性，理解概念的结构特点，并运用概念同化的方式来明辨概念的内涵与外延；另一种是通过举例，让学生在辨析具体例子时正确感悟与把握概念的本质属性. 在形成定义所描述的语言时，既可以让学生在进行教学阅读的基础上，自主挖掘反映概念内涵的关键词，并用自己的语言加以解释，也可以由教师分析概念的关键属性、不同概念之间的内在联系，帮助学生理解概念的内涵与外延. 同样地，举例子时既可以由教师提供，也只可以由学生自行举例. 应注意的是，此时所举的例子应为正例，以帮助学生强化对概念的理解. 如：关于一元一次方程的概念，在理解概念时应揭示概念中“一元”“一次”的含义，揭示一元一次方程与方程之间的从属关系.

在学生对概念已能较为准确理解把握的基础上，再提供一些具体的正例与反例来让学生辨别、运用，这有利于学生正确把握概念的本质属性. 此时所提供的例子，应既包含概念所反映的一般情况，也包含概念所反映的特殊情形，以帮助学生更全面、准确地把握概念的内涵与外延. 在应用概念时，如果能够鼓励学生尽量举出例子，并运用概念来解释所举的例子，将能很好地激发学生的数学思考与应用意识，提高学生课堂参与的兴趣.

6. 概念精致

精致是指一个人在学习某个概念时，可能对所学概念有所拓展，有时甚至会做出某种推论，这个过程被认知心理学家称为“精致”．在数学学习中,“精致”的实质是对数学概念的内涵和外延进行尽量详细的“深加工”．概念精致有时是在学习概念后在概念运用中进行．如：对于一元一次方程 $ax+b=0$，当 $a\neq 0$ 时，它的解只有唯一一个；当 $a=0$ 而 $b\neq 0$ 时无解；当 $a=0$ 且 $b=0$ 时，它的解有无穷多个；等等．这就是对一元一次方程概念进行精致的过程．很多时候，概念精致常常不是在学习完一个概念后马上完成的，而是伴随着学生学习经验的积累、知识的增长而逐步深入的．如对于一元一次方程的概念，当学生学完一次函数的知识后，在教师的启发引导下，他们会从函数的观念来认识一元一次方程．

10.3.4 概念形成的方式

古人云：授人以鱼不如授人以渔．教学不是灌输，是教会学生方法．

心理学家认为，学生自己动手做实验，能够在脑海中留下深刻的印象．因此，在讲解新概念的时候，教师可以引导学生动手做实验，从实验中抽象出数学概念并了解数学概念的有关性质．如讲授圆的定义之前，教师可以让学生准备纸板、图钉和绳子等工具，课堂上引导学生动手实践，即用这些工具画出不同的圆，通过自己探索，合作交流，得出圆的概念和圆的有关性质．

根据数学概念学习的心理过程及特征，数学概念教学一般也分为三个阶段：（1）引入概念，使学生感知概念，形成表象；（2）通过分析、抽象和概括，使学生理解和明确概念；（3）通过例题、习题使学生巩固和应用概念．

1. 数学概念的引入

数学概念的引入，是数学概念教学的第一个环节，也是十分重要的环节．概念引入得当，就可以紧紧地围绕课题，充分激发起学生的兴趣和学习动机，为学生顺利掌握概念起到奠基作用．

引出新概念的过程，是揭示概念的发生和形成过程，而各个数学概念的发生形成过程又不尽相同，有的是现实模型的直接反映；有的是在已有概念的基础上经过一次或多次抽象后得到的；有的是从数学理论发展的需要中产生的；有的是为解决实际问题的需要而产生的；有的是将思维对象理想化，经过推理而得的；有的则是从理论上的存在性或从数学对象的结构中构造产生的. 因此，教学中必须根据各种概念的产生背景，结合学生的具体情况，适当地选取不同的方式去引入概念. 一般来说，数学概念的引入可以采用如下几种方法.

用学生在日常生活中所接触到的事物或教材中的实际问题以及模型、图形、图表等作为感性材料，引导学生通过观察、分析、比较、归纳和概括去获取概念.

例如，要学习“平行线”概念，可以让学生辨认一些熟悉的实例，像铁轨、门框的上下两条边、黑板的上下边缘等，然后分化出各例的属性，从中找出共同的本质属性. 铁轨有属性：是铁制的、可以看成两条直线、在同一个平面内、两条边可以无限延长、永不相交等. 同样可分析出门框和黑板上下边的属性. 通过比较可以发现，它们的共同属性是：可以抽象地看成两条直线；两条直线在同一平面内；彼此间距离处处相等；两条直线没有公共点等，最后抽象出本质属性，得到平行线的定义.

（1）以感性材料为基础引入新概念.

以感性材料为基础引入新概念，是用概念形成的方式去进行教学的. 因此，教学中应选择那些能充分体现被引入概念的特征性质的事例，正确引导学生去进行观察和分析，这样才能使学生从事例中归纳和概括出共同的本质属性，形成概念.

（2）以新、旧概念之间的关系引入新概念.

如果新、旧概念之间存在某种关系，如相容关系、不相容关系等，那么新概念的引入就可以充分利用这种关系去进行. 如：二元一次方程的概念与一元一次方程的关系可以从“二元”与“一元”之间的变化来理解；又如，学习“二次函数”时可以由“一次函数”的概念引入.

（3）以“问题”的形式引入新概念.

以“问题”的形式引入新概念，这也是概念教学中常用的方法. 一般来说，用“问题”引入概念的途径有两条：① 从现实生活中的问题引入数学概念；② 从数学问题或理论本身的发展需要引入概念.

（4）从概念的发生过程引入新概念.

数学中有些概念是用发生式定义的，进行这类概念教学时，可以采用演示活动的直观教具或演示画图说明的方法去揭示事物的发生过程. 例如，小数、分数等概念都可以这样引入. 这种方法生动直观，体现了运动变化的观点和思想，同时，引入过程又自然地、无可辩驳地阐明了这一概念的客观存在性.

2. 数学概念的形成

引入概念，仅是概念教学的第一步，要使学生获得概念，还必须引导学生准确地理解概念，明确概念的内涵与外延，正确表述概念的本质属性. 为此，教学中可采用一些具有针对性的方法.

（1）对比与类比.

对比概念，可以找出概念间的差异；类比概念，可以发现概念间的相同或相似之处. 例如，学习“二次根式的加减”概念时，可以与“整式加减”中的“合并同类项”概念进行对比，去比较发现两者的不同点. 用对比或类比讲述新概念时，一定要突出新、旧概念的差异，明确新概念的内涵与外延，通过类比与对比能从同一个角度对新概念进行认识与理解，进一步理解新概念的本质.

（2）恰当运用反例.

概念教学时，除了从正面去揭示概念的内涵外，还应考虑运用适当的反例去突出概念的本质属性，尤其是让学生通过对比正例与反例的差异，对自己出现的错误进行反思，更有利于强化学生对概念本质属性的理解. 用反例去突出概念的本质属性，实质是使学生明确概念的外延从而加深对概念内涵的理解. 凡具有概念所反映的本质属性的对象必属于该概念的外延集；而反例的构造，就是让学生找出不属于概念外延集的对象，显然，这是概念教学中的一种重要手段. 但必须注意，所选的反例应当恰当，防止过难、过偏，造成学生的注意力分散，而达不到突出概念本质属性的目的.

（3）合理运用变式.

依靠感性材料理解概念时，往往由于提供的感性材料具有片面性、局限性，或者感性材料的非本质属性具有较明显的突出特征，容易形成干扰信息而削弱学生对概念本质属性的正确理解. 因此，在教学中应注意运用变式，从不同角度、不同方面去反映和刻画概念的本质属性. 一般来说，变式包括图形变式、式子变式和字母变式等.

总之，对于数学概念，应该注意到不同数学概念的重要性具有层次性. 对于数学概念的处理需慎重，继承和改革共行之.

10.4 “反比例函数”课例分析

一、课例背景

1.“反比例函数”属于《义务教育数学课程标准（2011 年版）》中“数与代数”领域的基本内容. 函数本身是数学学习中的重要内容，而反比例函数则是基础函数之一，它是在学习了图形与坐标和一次函数的基础上，再一次研究的具体初等函数. 而对反比例函数的理解以及用函数观念解决实际问题的经验，对今后二次函数以及高中阶段其他函数的学习会奠定基础. 通过本章的学习使学生进一步理解函数的内涵，并感受反比例函数是刻画现实世界变化规律的数学模型，能应用反比例函数来解决实际问题.

2. 本节的内容主要是反比例函数的概念，教材设计的基本思路是从现实生活中大量的反比例关系中抽象出反比例函数概念，让学生进一步感受函数是反映现实世界中变量关系的一种有效数学模型，逐步从对具体的反比例函数的感性认识上升到对抽象的反比例函数概念的理性认识. 本节内容蕴含的类比、归纳、对应和函数的数学思想方法，对学生今后研究问题、解决问题以及终身发展都是非常有益的. 无论从一次函数到反比例函数，再到以后的二次函数，甚至高中的其他各类函数，都是函数的某种具体形式，都为进一步深刻理解函数的内涵提供了一个平台. 随着学习的函数类型的增多，学生对函数内涵的理解也会逐步提高，可以说对函数内涵的理解是一个渐进的过程，需要较长的时间.

二、课例呈现

（一）教学内容

人教版教材九年级上册第二十六章第一节“反比例函数”.

（二）教学目标

1. 结合具体情境体会反比例函数的意义，能根据已知条件确定反比例函数的表达式.

2. 经历抽象反比例函数概念的过程，领会反比例函数的意义，理解反比例函数的概念.

3. 结合实例引导学生了解所讨论的函数的表达式，形成反比例函数概念的具体形象，这是从感性认识到理性认识的转化过程，可以发展学生的思维，同时体验数学活动与人类生活的密切联系以及对人类历史发展的作用.

（三）教学重难点

教学重点：经历抽象反比例函数概念的过程，领会反比例函数的意义，理解反比例函数的概念.

教学难点：领会反比例函数的意义，理解反比例函数的概念.

（四）学情分析

在前面的学习过程中，学生对函数的概念，函数所反映的两个变量之间关系的内涵有了一定的了解. 学生在已经学习了正比例函数、一次函数后，又一次学习函数，即根据变量间的不同变化情况让学生们认识到另一种函数——反比例函数. 八年级学生已经具备了思维的完备性、深刻性、实践性、批判性等品质，但尚待提高，其抽象概括能力也有限，对函数意义的理解、数量变化规律的把握还有一定的难度，特别是对抽象的表达式中变量的取值理解不深. 因此，本节课的教学难点是：领会反比例函数的意义，理解反比例函数的概念. 在反比例函数概念的形成过程中，应注重充分利用学生已有的生活经验与背景知识，创设丰富的现实情境，同时充分让学生自主学习与合作交流相结合，通过举例、说理、交流等形式，内化、升华、巩固其知识，让学生揭示规律，形成能力.

（五）教学过程设计

1. 创设情境，提出问题.

活动一：同学们在课余时间和自己的爸爸、妈妈逛过菜市场吧？下面老师带着你们到菜市场再去逛一逛，我们边逛边思考下列问题（大屏幕演示菜市场热闹场面）：

问题 1：说一说你们都喜欢吃什么菜？

问题 2：10 元钱分别能买每种蔬菜的质量一样吗？为什么？

问题 3：设你买的一种蔬菜单价为 x，相应的所能购买的质量为 y，则 y 与 x 满足怎样的关系式呢？

问题 4：妈妈喜欢吃 1.5 元/斤的茄子，如果买 n 斤，所花钱数 y 应如何表示？

问题 5：妈妈买菜已经用了 25 元，还想买 5 元/斤的鱼 a 斤，则总的花费 y 与 a 的关系式如何表示？

问题 6：妈妈买完菜准备回家，如果菜市场离家 1000 米，则妈妈到家所用的时间 t 与平均速度 v 之间的关系式如何表示？

教学形式：学生独立思考完成问题 3 至问题 6，学习小组成员达成共识后将每题得到的表达式写在本组答题板上，所有学习小组完成后，各小组之间进行展示、交流.

设计意图：本着课程来源于生活的理念，选择学生所熟悉的菜市场购买蔬菜的场景，提出问题串. 这些问题来自学生生活圈子，符合学生最近发展区的认知规律，使学生感到亲切、自然，同时学生应用生活经验很容易解决这些问题. 也就是说，这些实例最大程度上激发了学生的学习兴趣，提高了学生思考问题的主动性和解决问题的能力，从而培养了学生对数学学科的浓厚兴趣，让学生真正体会到生活处处皆数学，生活处处有函数. 学生在答题板上板演的过程，就是学生主动参与学习的过程，既提高了学生的参与度，又发挥了学生的自由度，变被动学为主动学. 无论学习成绩好坏，学生都有自己的思维方式和解决问题的途径，通过板演能把这些情况展示出来，有利于教师对症下药，掌握学生思路上的偏差. 反应迅速、解题工整自然会给所有学生留下直观的第一印象，同时，存在问题的学生亦给其他同学留下“误区”的提醒，无论学生作业中的好与坏都起到了榜样示范的作用.

问题 7：我们利用数学表达式描述了上述几个生活中的例子，同学们观察这四个表达式，思考下面几个问题：

（1）每个表达式中有几个变量？

（2）（学生通过观察会发现有两个变量）两个变量之间有联系吗？能具体说一说它们之间的联系吗？研究两个变量之间的关系，我们通常用的是哪类数学模型？（函数）每个表达式中出现的两个变量是函数关系吗？

（3）这里有你熟悉的函数吗？另外两个函数认识吗？（通过问题串学生得到四个具体函数，有正比例函数、$b \neq 0$ 的一次函数和反比例函数，其中有学生学习过的一次函数，即自变量 x 增大，因变量 y 增大的类型，另外两个函数学生通过比例关系能够得出随着自变量 x 的增大，因变量 y 减小.）

设计意图：上述层层递进的问题串，首先使学生进一步感受到函数是反映现实生活的一种有效模型，并在原有函数知识的基础上，进一步深化对函数概念的理解. 即明确两点：第一，明确自变量和因变量的关系. 在某变化过程中，有两个变量 x, y，如果看成 y 随 x 的变化而变化，那么 x 称为自变量，y 称为因变量；如果看成 x 随 y 的变化而变化，那么 y 称为自变量，x 称为因变量. 第二，函数定义的核心是"一一对应"，即给定一个自变量 x 的值就有唯一确定的因变量 y 的值和它对应；然后通过比较四个具体函数的表述形式和变化规律，发现一次函数（包括正比例函数）与反比例函数的联系和区别，引导学生对具体的反比例函数形成深刻的感性认识，为下面形成对反比例函数的理性认识奠定基础，并通过与一次函数、正比例函数对比使学生产生认知冲突，引出课题.

问题 8：通过这节课开始我们要研究的一类新的函数——反比例函数（教师板书），请同学们回忆七年级下学期我们研究一次函数是从哪几个方面进行的？我们研究反比例函数应该从哪些方面进行呢？（这一章我们首先生成反比例函数的概念，其次研究它的图象和性质，最后研究它的应用，本节课我们先来研究反比例函数概念.）

设计意图：初中阶段我们研究任何一类函数的基本思想方法都是先生成概念，然后研究其图象和性质，最后利用函数来解决问题. 上述两个问题看似简单，但它一方面起到了知识导入的作用，另一方面运用类比的思想向学生渗透了研究初等函数的基本方法，为今后研究其他函数给出了思维方向.

2. 循序渐进，探究新知.

（1）增强感性认识.

活动二：请同学们看下面两个实际问题：

问题 9：我们知道，电流 I、电阻 R、电压 U 之间满足关系式 $U=IR$，当 $U=220$ V 时，你能写出 I 与 R 的关系式吗？

问题 10：某服装厂承揽一项生产夏凉小衫 1600 件的任务，计划用 t 天完成，写出平均每天生产量 w 与生产时间 t 之间的函数表达式.

问题 11：得到的这两个函数表达式与前面由问题串中得到的四个函数

表达式，哪些表达式在形式上类似？

设计意图:再通过两个生活中的实际问题得出两个具体的反比例函数，其目的是丰富反比例函数的实例，增强学生对反比例函数的感性认识，为下面归纳、抽象反比例函数的概念做好铺垫.

（2）合作交流、抽象概念.

活动三：

问题 12：请同学们观察黑板上这四个表达式有什么共同的特点？

教学形式：先独立思考，然后学习小组内互相交流想法，在组内达成一致后将找到的特点分别写在本组答题板上. 所有学习小组完成后，教师将每小组的答题板同时放到黑板上，学生再次将所有同学的智慧进行归纳总结.

① 引导学生归纳总结共同特点.

a. 每个表达式中都有两个变量（因变量随自变量的变化而变化）和一个常数；

b. 表达式右面是分式形式且常数在分子位置，分母位置只有一个自变量；

c. 常数为正数且自变量增加因变量随之减小（因为都是由实际问题得出的表达式）.

设计意图：学生通过观察、比较、归纳发现四个具体的反比例函数的共同特点，顺理成章地从对反比例函数的感性认识上升到理性认识，也自然地运用从特殊到一般的思维方法抽象归纳概括出反比例函数概念. 从创设情景的问题串，到学生运用类比、比较等思想方法从多个函数中辨别出正比例函数、一次函数和反比例函数，再到从四个具体的反比例函数中归纳出它们共同的特点，抽象出反比例函数的定义的过程，有效地突出重点，使学生领会了反比例函数的意义.

② 由特例抽象概括定义.

问题 13：这些具有相同特征的函数是同一类函数，叫做反比例函数，你能根据上述分析的特点类比正比例函数的定义给反比例函数下一个定义吗？

设计意图：数学教学的目的和实质是对学生进行思维能力的培养，以提高他们分析问题和解决问题的能力. 本环节通过对若干实际问题的分析抽象出函数模型，再类比一次函数的定义归纳出反比例函数的定义，渗透了归纳与类比的数学思想.

问题 14：我们再认真分析反比例函数的定义，定义中都告诉我们哪些本质的东西？或者说你是怎样理解反比例函数概念的？

教师引导学生归纳总结（剖析概念）.

a. 定义的双重性，即若 y 是 x 的反比例函数，则 $y=\dfrac{k}{x}\ (k\neq 0)$；反过来，如果 y, x 满足：$y=\dfrac{k}{x}\ (k\neq 0)$，则 y 是 x 的反比例函数.

b. $k\neq 0, x\neq 0, y\neq 0$；

c. 等价形式：$xy=k\ (k\neq 0)$ 和 $y=kx^{-1}\ (k\neq 0)$（与正比例函数对比）；

d. y 是 x 的反比例函数（深刻体会因变量是自变量的函数，区分 $y=\dfrac{k}{x}\ (k\neq 0)$ 与 $x=\dfrac{k}{y}\ (k\neq 0)$ 的不同）.

设计意图：运用类比思维方式让学生自己归纳定义，再一次使学生感受函数研究方法的一般性. 通过对定义的剖析，使学生对反比例函数的表象认识上升到本质认识，从而深刻理解反比例函数的概念，突破难点，为后续运用概念解决问题提供扎实的理论基础.

3. 即时训练、巩固新知.

（1）联系生活、深化概念.

问题 15：反比例函数在生活中的应用是非常广泛的，你还能举出反比例函数的其他实例吗？

（选取学生所举实例中的某个进行说明：例如，s, v, t 三者之间的关系：当 s 一定时，$v=\dfrac{s}{t}$，v 是 t 的反比例函数；当 v 一定时，$s=vt$，s 是 t 的正比例函数）.

设计意图：让学生进一步感受反比例函数是一类反映现实世界特定数量关系的数学模型. 学生利用已有的生活经验与刚刚形成的对反比例函数的认识，通过举例、说理、交流达到内化、升华、巩固反比例函数意义的目的，同时感受反比例函数与正比例函数的区别与联系，理解反比例函数概念的目的，渗透函数建模的数学思想.

（2）小组竞赛，巩固新知.

活动四：将学生分成三组. 接下来，我们三个组的同学来一场智慧大比拼，比赛分三个环节：抢答题、必答题、选答题，总分最多的组获胜，请同学们听好比赛规则．

设计意图：让学生在“赛中学”“学中赛”，既巩固了所学的新知，提高了学习效率，又扩大了学生的知识面，调动了学生学习的积极性．小组竞赛的学习形式，把学生个体之间的竞争转化为集体之间的对抗，这样的设计既培养了学生的集体主义观念和竞争意识，又避免了学生形成狭隘、自私的学习心理．

① 抢答题：

判断下列函数中 y 是否为 x 的反比例函数，若是，指出 k 的值；若不是，请说明理由．

a. $y=-\frac{2}{x}$；b. $y=-\frac{4}{3x}$；c. $y=-\frac{1}{x^2}$；d. $\frac{y}{x}=2$；e. $y=\frac{1}{3x}-1$；f. $2x\cdot 3y=1$．

学生总结：解决此类判断题的依据是反比例函数的定义．让学生体会数学定义的形式化思想，其中第 c，e 小题适时向学生渗透整体的数学思想．

设计意图：进一步巩固反比例函数的概念，区分反比例函数与其他函数的不同之处．

② 必答题：

一组：一个游泳池蓄水 60 m^3，设放完池中的水所需时间为 y，而每小时放水量为 x，写出 y 与 x 之间的函数关系式，并指出 y 是 x 的什么函数？

二组：北京市的总面积为 $1.68\times10^4\ km^2$，写出人均占有土地面积 S 与全市总人口 n 的函数关系式，并指出 S 是 n 的什么函数？

三组：一个直角三角形的两条直角边长分别为 x 和 y，其面积为 2，请写出 y 与 x 之间的函数关系式，并指出 y 是 x 的什么函数？

设计意图：突出反比例函数与现实世界的密切联系，加深理解反比例函数是刻画现实世界的重要数学模型．一方面使学生感受现实世界中反比例函数是大量存在的，另一方面让学生体会用反比例函数知识可以分析和解决实际问题，渗透数学函数建模的思想．

以上两组由浅入深、循序渐进的练习题目，呈现出本节课的知识重点，检验了对重点知识的掌握情况以及对难点的理解程度．通过对相关问题的解答，使学生对本节课知识的条理更清晰，理解更加透彻．因为是大家努力共同完成了练习题目，学生体会到团结协作的力量和努力后的成就感与自豪感.

教师：宣布各小组成绩和比赛结果.（适时进行德育教育，祝贺获胜组，鼓励、肯定其他两组，让德育之花在数学课堂上绽放.）

4. 课时小结、总结收获.

（1）对于这节课，大家还有什么疑问吗?

（2）通过这节课学习，同学们有什么收获?

设计意图：在独立思考和合作交流中引导学生梳理本节课在知识和数学思想方法方面的收获，形成知识网络，提升对数学思想方法的理性认识.在总结的同时让学生体验收获知识的快乐，培养敢于展示自我，敢说、敢问和自信的学习品质.

结束语：本节课我们从实际问题中抽象出反比例函数，要进一步研究反比例函数的性质我们还要借助于图象，这也是下节课我们即将要学习的内容. 同学们，数学是自然科学的灵魂，函数又是数学的皇后，是描述现实世界变化规律的重要数学模型，它以简洁而著称，犹如音乐，与物理学、化学等学科共舞. 老师希望同学们能分清每个函数的特征，并灵活运用它们解决你身边的问题.

5. 布置作业，深化知识.（书后练习题）

三、教学反思

1. 概念教学扎实

本节课首先从学生已有的生活经验出发，列出具体的反比例函数表达式；然后对具体的反比例函数表达式特征进行分析，抽象归纳出反比例函数概念；最后对反比例函数概念进行剖析，逐步深化了概念，使学生深刻地认识和理解了反比例函数概念，夯实了基础知识，在后续的学习中不会对概念产生模糊的记忆.

2. 突出数学思想方法

数学思想方法是数学的灵魂，也是数学教学的本质. 本节课的教学设计，无论在问题情景的创设中，还是在反比例函数概念的抽象过程中，以及在概念应用过程中，都突出了数学思想方法教学，使学生进一步领悟了模型、对应、转化、函数等数学思想.

3. 小组合作学习，在赛中学、学中赛

本节课教学改变以往课堂巩固练习中，学生个体解答的方式，采用小组大比拼的竞赛方式. 集小组同学的集体智慧，不仅培养了学生互帮互助的团队精神，又体现了合作竞争的力量. 因为学生们怕给自己的小组抹黑，全力投入到学习当中，这样的活动形式最大程度上调动了学生学习的主动性，培养了学生的集体荣誉感.

10.5 “二次函数”课例分析

一、课例背景

数学是一种既古老又年轻的文化. 人类从蛮荒时代的结绳计数，到如今用电子计算机指挥物体在宇宙中航行，无时无刻不受到数形结合思想的影响. 进入 21 世纪，我国数学课程中关于数学学习的理念发生了深刻变化，数学教学的主要目的和任务早已不是简单的知识和方法的传授，而是通过数学学习，在传授知识与方法的同时培养学生的数学能力. 因此，在促进学生学习过程中，加强数与形的结合，能化繁为简，这对于帮助学生开阔思路，突破思维定式有积极的作用.

二次函数是初高中教材中一个重要的内容，同时也是中考命题的重点. 在初中数学教学中，认真做好二次函数教学，不但可以为以后的学习打下坚实的基础，而且还可以培养学生的逻辑思维能力. 本章在教学实践的基础上，认真总结了在课堂上怎样加深学生对二次函数概念、图象的理解，以及如何提高学生的应变能力等多方面的内容，以便为初中数学二次函数教学提供参考.

二次函数是刻画现实世界和实际生活问题的一个有效数学模型，应用非常广泛. 学习二次函数是在了解了一次函数、反比例函数之后，对函数的更进一步认识. 二次函数是初中阶段研究的最后一个基本初等函数，在历年的中考题中占有较大比例. 同时，二次函数和以前学过的一元二次方程有着密切的联系，学习二次函数将为方程的解法提供新的途径，并使我们深刻地理解“数形结合”的重要思想，更是我们今后解一元二次不等式的基础. 要学好二次函数，先要深刻理解二次函数的相关概念.

二、课例呈现

（一）教学内容

人教版初中数学九年级上册第 22 章第一节“二次函数”第一课时.

（二）教学目标

1. 知识与技能.

通过对多个实际问题的分析，让学生感受二次函数作为刻画现实世界有效模型的意义；通过观察和分析，让学生归纳出二次函数的概念并能够根据函数特征识别二次函数.

2. 过程与方法.

在确定二次函数的概念和寻求生活实例中的二次函数关系式的过程中，引导学生观察、比较、分析和概括，以小组讨论的形式，进行合作探究. 让学生体验数学与日常生活密切相关，认识到许多问题可以用数学方法解决，体验实际问题“数学化”的过程.

3. 情感与态度.

通过观察、归纳、猜想和验证等教学活动，给学生创造成功机会，使他们爱学、乐学、会学，同时培养学生勇于探索、积极合作精神以及公平竞争的意识.

（三）教学重点、难点

教学重点：认识二次函数，经历探索函数关系、归纳二次函数概念的过程.

教学难点：根据函数解析式的结构特征，归纳出二次函数的概念.

（四）教学手段

多媒体课件辅助教学

（五）教学过程

1. 复习旧知.

问题：函数知多少？

函数的基本概念：

在一个变化过程中，有两个变量 x 和 y，并且对于 x 的每一个确定的值，在 y 中都有唯一确定的值与其对应，那么，y 是 x 的函数，其中 x 是自变量，y 是因变量.

练习：

观察下列函数：① $y=2x+1$；② $y=-x-4$；③ $y=\dfrac{2}{x}$；④ $y=5x^2$；⑤ $y=-4x$；⑥ $y=ax+1$，

其中，一次函数有________________，

那么一次函数的一般形式是______________.

思考：为什么要有 $k\neq0$ 的条件？k 值对函数性质有什么影响？

设计意图：复习这些问题是为了帮助学生弄清自变量、函数、常量等概念，以加深对函数定义的理解. 强调 $k\neq0$ 的条件，以备与二次函数中的 a 进行比较.

2. 引入新课.

引言中的问题：

正方体的六个面是全等的正方形，设正方形的棱长为 x，表面积为 y，显然对于 x 的每一个值，y 都有一个对应值，即 y 是 x 的函数，它们的具体关系可以表示为

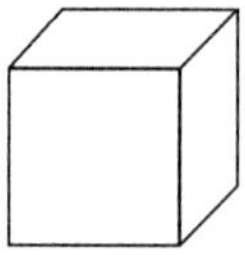

$$\underline{y=6x^2}. \quad ①$$

问题 1：n 个球队参加比赛，每两队之间进行一场比赛. 比赛的场次数 m 与球队数 n 有什么关系？

$$m=\frac{1}{2}n(n-1),$$

即

$$m=\frac{1}{2}n^2-\frac{1}{2}n. \quad ②$$

问题 2：多边形的对角线数 d 与边数 n 有什么关系？

$$d=\frac{1}{2}n(n-3),$$

即

$$d=\frac{1}{2}n^2-\frac{3}{2}n. \quad ③$$

问题 3：某工厂某种产品今年的年产量是 20 件，计划明后两年增加产量. 如果每年的增长率为 x，那么两年后这种产品的产量 y 将随计划所定的 x 的值而确定，y 与 x 之间的关系应怎样表示？

这种产品的原产量是 20 件，一年后的产量是______________件，再经过一年后的产量是______________件，即两年后的产量

$$\underline{y=20x^2+40x+20}. \quad ④$$

式子①②③④有什么共同点?

① $y=6x^2$；② $m=\frac{1}{2}n^2-\frac{1}{2}n$；③ $d=\frac{1}{2}n^2-\frac{3}{2}n$；④ $y=20x^2+40x+20$.

引导启发学生归纳出：

（1）函数解析式的一边均为整式，表明这种函数与一次函数有共同的特征.

（2）自变量的最高次数是2，这与一次函数不同.

设计意图：本处设计了四个问题，通过具体事例，让学生列出关系式，启发学生观察、思考、对比一次函数，归纳解析式特点，自然引出二次函数的定义.

3. 学习新课.

二次函数的定义：形如 $y=ax^2+bx+c$（a, b, c 为常数，$a\neq 0$）的函数叫做二次函数. 其中 x 是自变量，y 是因变量. ax^2 是二次项；bx 是一次项；c 是常数项. a 是二次项系数；b 是一次项系数.

注意:（1）等号左边是变量 y，右边是关于自变量 x 的整式.

（2）a, b, c 为常数，且 $a\neq 0$，若 $a=0$，ax^2+bx+c 就不是关于 x 的二次多项式了.

（3）等式右边的最高次数为 2 ，可以没有一次项和常数项，但不能没有二次项.

（4）x 的取值范围是任意实数.

设计意图：这里强调对二次函数概念的理解，有助于学生更好地理解、掌握其特征，为接下来的判断二次函数做铺垫.

4. 例题讲解.

例 1：下列函数中，哪些是二次函数?

① $y=3(x-1)^2+1$；② $y=x+\frac{1}{x}$；③ $s=3-2t^2$；④ $y=\frac{1}{x^2-x}$；

⑤ $y=(x+3)^2-x^2$；⑥ $v=10\pi r^2$；⑦ $y=x^2+x^3+25$；⑧ $y=2^2+2x$.

二次函数的一般形式：$y=ax^2+bx+c$（其中 a, b, c 是常数，$a\neq 0$）.

问题：b 和 c 是否可以为零? 由例 1 可知，b 和 c 均可为零.

当 $b=0$ 时，$y=ax^2+c$；

当 $c=0$ 时，$y=ax^2+bx$；

当 $b=0$，$c=0$ 时，$y=ax^2$

以上三种形式都是二次函数的特殊形式.

问题：当 a, b, c 为何值时，函数 $y=ax^2+bx+c$ 是一次函数？什么时候是正比例函数？

思考：二次函数的一般式 $y=ax^2+bx+c$（$a\neq0$）与一元二次方程 $ax^2+bx+c=0$（$a\neq0$）有什么联系和区别？

练习：

1. 函数 $y=m-nx^2+mx+n$ 是二次函数的条件是（　　）.

A. m, n 是常数，且 $m\neq0$　　　　B. m, n 是常数，且 $n\neq0$

C. m, n 是常数，且 $m\neq n$　　　　D. m, n 为任何实数

例 2：若 $y=(m+3)x^{m^2-7}$，

（1）m 取什么值时，此函数是正比例函数？

（2）m 取什么值时，此函数是二次函数？

注意：二次函数的二次项系数不能为零.

练习：

2. 函数 $y=(m-2)x^2+mx-3$（m 为常数）.

（1）当 m ______时，这个函数为二次函数；

（2）当 m ______时，这个函数为一次函数.

3. m 取何值时，$y=(m+1)x^{m^2-2m-1}+(m-3)x+m$ 是二次函数？

设计意图：学完二次函数的概念后，让学生在实践中感悟什么样的函数是二次函数，以便将理论知识应用到实践操作中，从而激发学生的数学思维，使学生感受数学知识与实践的联系，体会数学的价值. 练习的设计遵循了由浅入深的原则，以进一步巩固二次函数的概念，并结合生活实际对学生进行情感教育，增强学生学好数学的信心.

5. 课堂小结.

（1）对本节课你有什么收获？

（2）一个函数是否为二次函数的关键是什么？

设计意图：让学生谈谈本节课的收获，可以培养学生自我检查、自我小结的良好习惯，并将知识进行整理，形成系统，而且由此可了解到学生还有哪些不清楚的地方，以便在今后的教学中补充.

6. 作业布置

必做题：教科书习题 22.1 第 1, 2 题.

选做题：练习册 22.1 第 7 课时.

设计意图：作业中分为必做题与选做题，实施分层教学，体现了新课标人人学有价值的数学，不同的人得到不同的发展.

三、教学反思

二次函数是初中数学里很重要的一个知识点，在历年来的中考试题里都占有较大的分值. 二次函数是在学习了正比例函数、反比例函数、一次函数、一元二次方程的基础上对函数概念的进一步探究，它不仅和学生以前学过的一元二次方程有着密切的联系，而且对培养学生“数形结合”的数学思想具有重要作用. 而且二次函数的概念是以后学习二次函数图象性质的基础，在整个教材体系中起着承上启下的作用. 本节课的具体内容是让学生理解二次函数的概念，会判断一个函数是不是二次函数，并能够用二次函数的一般形式解决问题. 为此，我先带领学生复习了什么是一次函数，然后设计具体的问题情境让学生自己列出一些二次函数的解析式，并观察、总结它与一次函数有什么不同. 在此基础上，逐步归纳出二次函数的一般解析式：$y=ax^2+bx+c(a, b, c$ 是常数，$a\neq 0)$. 本节课的成功之处有以下几点：

1. 在教学设计上逐渐渗透，使学生的理解能力逐步提升.

在教学设计上，根据内容的发展，合理设计了具有针对性的问题，借助学生已有的知识背景展开教学，同时，在解决旧问题的过程中巧妙地解决新问题. 通过问题串的形式提出问题，环环相扣，以充分激发学生的求知欲，调动学生学习的主动性. 在总结中不仅注重对知识的梳理和巩固，而且注重提炼出让学生终生受用的思考方法，使学生的思维水平有所提高. 这样不仅提高了学生独立发现问题、解决问题的能力，避免学习落入程式化的窠臼，而且也让学生体验到了成功的快乐.

2. 注重使不同层次的学生的能力得到发展.

由于不同的学生存在的个体差异，再加上受教学目的等因素的限制，导致一些学有余力的学生会感到“吃不饱”和“吃不好”，久而久之就会失去主动思考、主动探究的兴趣. 因此，在本节课的最后，我补充的练习题，对这部分学生开阔视野、提高探究能力，都很有好处.

3. 注重创设教学情境，激活学生思维.

情境是“一个人在进行某种活动时所处的社会环境”. 从认知的角度看，情境可视为人的认知活动的信息来源. 数学情境是含有相关数学知识和数学方法的情境，同时也是数学知识产生的背景. 它不仅能激发数学问题的提出，也能为数学问题的解决提供相应的信息和依据.

4. 多样化练习和评价.

本节课采用的评价方法主要有：观察、抽问和练习抽查等. 教学中注意随时观察学生对学习的态度表现，如注意力集中的程度、情感的参与和行为参与的情况. 通过提问和练习，评价学生对学习内容的认知程度，如对学习内容的思维反映是否积极，课堂练习、回答问题的正确程度，等等. 为了使评价更有效，不能只按少数学生的反映做出判断，应注意搜集不同程度的学生的信息，通过搜集的信息，对学生出现的问题做出及时矫正和评说，并对教学内容和教学过程做适当的调控，最终达到教学目标.

这堂课老师教得轻松，学生学得愉快，每个学生都参与到活动中去，投入到学习中来，使学生学习的过程充满快乐和成功的体验. 这样可促使学生自主学习，勤于思考和勇于探究，形成良好的学习品质. 但对于这节课，觉得自身还有许多有待提高的地方. 有些知识是相当专业的，怎样在课堂上游刃有余、深入浅出地讲解，不仅要认真学习相关的专业知识，在课堂教学过程中还要用恰当的表达方式及授课方式让学生能融入技术的世界，并在生动有趣的课堂氛围中培养学生的学习能力，让学生把枯燥的专业知识转化为生活中的乐趣.

参考文献

[1] 陈峰. 初中数学单元复习课的策略性研究与实践[J]. 数学之友，2017（02）.

[2] 陈康金. 初中数学的复习课中常见情况及其应对政策[J]. 数理化解题研究，2018（35）.

[3] 陈伟煌. 初中一元一次方程教学中生活实际问题的融入[J]. 数学学习与研究，2017（06）.

[4] 陈颖. 基于数学核心素养谈初中数学法则教学——以“多项式除以单项式”为例[J]. 中学数学研究（华南师范大学版），2018（16）.

[5] 陈卓. 初中数学课堂提问的有效性分析[J]. 数学学习与研究，2018（20）.

[6] 冯建全. 浅谈初中数学教学中的认知激活——以“实际问题与反比例函数”教学为例[J]. 数理化解题研究，2015（16）.

[7] 冯雪娟. 跳好导入这个“开场舞”——初中数学课堂导入环节的优化设计探究[J]. 数学教学通讯，2014（04）.

[8] 顾勇. 注重学生认知起点，有效促进学力发展——“实际问题与元一次方程（1）”教学设计与意图阐述[J]. 中小学数学（初中版），2018（Z1）.

[9] 郝丽娜. 浅谈初中数学课堂导入的技巧[J]. 教育实践与研究（B），2015（06）.

[10] 何池锡. 用“四步复习法”教学模式提高初中数学章节复习课的有效性——以“整式”复习课为例[J]. 中学数学研究（华南师范大学版），2017（18）.

[11] 何宏政. 初中数学课程中的函数与方程思想转化[J]. 理科考试研究，2015，22（14）.

[12] 洪云. 浅谈初中数学有效课堂提问技巧的策略[J]. 数学学习与研究，2017（24）.

[13] 胡金燕. 对初中数学课堂导入设计的研究[J]. 数学学习与研究，2014

（08）.
[14] 贾海莲. 小组合作学习在数学教学中的实施分析[A]. 教育部基础教育课程改革研究中心. 2016 年课堂教学改革专题研讨会论文集[C]. 教育部基础教育课程改革研究中心:教育部基础教育课程改革研究中心，2016：2.
[15] 孔令先. 浅谈方程思想在初中数学中的应用[J]. 读与写（教育教学刊），2016，13（08）.
[16] 李娜. 几何推理与代数推理的关系研究[D]. 武汉：华中师范大学，2015.
[17] 李拓. 初中学生几何推理能力的培养策略[J]. 中华少年，2017（33）.
[18] 李晓英. 浅议初中数学教学中课堂提问的误区与对策[J]. 教学管理与教育研究，2018，3（16）.
[19] 李仲涟. 初一学生掌握数学法则的实验研究[J]. 湖南师院学报（哲学社会科学版），1983（02）.
[20] 林咏. 刍议方程模型思想与实际问题的教学 ——从古老的数学问题谈起[J]. 数学教学通讯，2018（23）.
[21] 刘红英. 初中生函数学习中认知错误分析及教学对策研究[D]. 天津：天津师范大学，2006.
[22] 马维民，孟令奇. 新课程理念下的创新教学设计 初中数学[M]. 长春：东北师范大学出版社. 2002.
[23] 马迎秋，曹一鸣. 初中数学教科书几何推理的国际比较研究[J]. 基础教育，2018，15（03）.
[24] 穆道龙. 浅析初中数学复习课教学的有效策略[J]. 中国校外教育，2018（36）.
[25] 倪海平. 课堂导入 贵在灵活 ——浅谈初中数学课堂导入的常用方法[J]. 初中数学教与学，2014（20）.
[26] 庞兴美. 促进初中生方程思想意识的形成[J]. 中学生数理化（教与学），2014（01）.
[27] 平儿辉. 初中数学复习课中课堂提问的学生主体性实现探究[J]. 数学学习与研究，2017（06）.
[28] 朴昌虎. 浅谈初中数学小组合作学习的有效性与应注意的问题[J].

延边教育学院学报，2010，24（04）.
[29] 全国中小学教师继续教育网组. 2011 年版义务教育课程标准解读 初中数学[M]. 北京：中国轻工业出版社，2012.
[30] 施金兰. 提出好的问题 问出高效课堂 ——初中数学课堂提问的有效性探究[J]. 初中数学教与学，2016（12）.
[31] 石炳民. 初中数学小组合作学习存在的问题及对策[J]. 教育现代化，2017，4（50）.
[32] 史承灼著. 初中数学教学探究[M]. 合肥：安徽文艺出版社，2014.
[33] 覃立新. 培养合作意识 提高创新能力 ——初中数学科“小组合作学习”教学模式初探[J]. 福建教育学院学报，2005（03）.
[34] 唐娟. 初中生二次函数学习困难的原因分析及对策[D]. 海口：海南师范大学，2015.
[35] 唐修成. 对几何“推理论证”入门教学的思考[J]. 数学之友，2011（06）.
[36] 唐艳敏. 初中数学课堂提问有效性研究[D]. 郑州：河南师范大学，2017.
[37] 汪建霞. 初中数学课堂提问的有效性探究[D]. 南京：南京师范大学，2017.
[38] 王嬉娟. 初中数学课堂提问的策略分析[J]. 中学教学参考，2015（23）.
[39] 王湘壮，莫薇. 初中数学课堂教学中的小组合作学习[J]. 桂林师范高等专科学校学报，2015，29（01）.
[40] 王艳华. 小组合作学习在初中数学课堂教学中的实施与思考[J]. 湘潭师范学院学报（社会科学版），2009，31（04）.
[41] 吴光潮. 新课程背景下初中数学“导学型课堂”构建的基本策略 ——以“实际问题与一元一次方程（1）调配问题”教学为例[J]. 中学数学，2015（04）.
[42] 吴吉成. 方程思想在初中数学教学中的渗透[J]. 青海教育，2014（Z3）.
[43] 徐坤. 初中数学课堂导入策略分析[J]. 新课程导学，2018（20）.
[44] 徐卫祥主编. 我的多彩课堂 初中数学课例及评析[M]. 武汉：华中师

范大学出版社，2011.
[45] 许智. 论初中数学单元复习课的有效教学[J]. 新课程（中），2018（08）.
[46] 薛金星主编. 巧思妙解初中数学[M]. 北京：北京教育出版社. 2008.
[47] 姚敬东主编. 学生发展核心素养视域下的课堂教学指南 初中数学[M]. 长春：东北师范大学出版社. 2017.
[48] 姚晓娟. 初中函数学习困难的两大因素[J]. 教育研究与评论（中学教育教学），2014（06）.
[49] 张斌业. 初中生二次函数学习困难的成因及教学对策研究[D]. 天水：天水师范学院，2017.
[50] 张丹. 初中生函数学习困难的成因分析及对策研究[D]. 洛阳：洛阳师范学院，2017.
[51] 张贵媛. 初中数学教学中开展小组合作学习的策略研究[A]. 中国管理科学研究院教育科学研究所.《教师教育能力建设研究》科研成果汇编（第九卷）[C].：中国管理科学研究院教育科学研究所，2018：5.
[52] 张俊忠著. 数学史融入初中数学教育研究[M]. 贵阳：贵州大学出版社，2017.
[53] 张锐. 新手型与专家型初中数学教师课堂提问的比较研究[D]. 西安：西北师范大学，2016.
[54] 赵水祥. 例谈初中数学"法则"教学[J]. 山东教育，2011（32）.
[55] 郑仕乐. 初中数学的五种常见课堂导入法[J]. 福建教育学院学报，2004（12）.
[56] 周水林. 挖掘习题资源，提高科学复习课效率[J]. 文理导航（上旬），2012（04）
[57] 周志刚. 初中生函数学习困难的原因及解决策略[J]. 数学教学通讯，2016（32）.
[58] 周志峰. 新课程理念指导下的初中数学小组合作学习初探[J]. 宁德师专学报（自然科学版），2007（03）.
[59] 朱月祥，魏均华. 初中代数教学有趣的课堂导入初探[J]. 中学数学教学参考，2015（12）.
[60] 朱建良. 几何推理教学设计的效能分析与提升[J]. 中学数学，2014（02）.